# जाति-प्रथा से पलायन

# जाति-प्रथा से पलायन

अतुल कृष्ण

Publications

कल्पाज़ पब्लिकेशन्स

दिल्ली-110052

जाति–प्रथा से पलायन

मूल्य : 490

ISBN: **81-7835-551-5**



भारत में सन् 2007 में प्रकाशित

कल्पाज़ पब्लिकेशन्स

सी-30 सत्यवती नगर दिल्ली-110052

ई-मेल : kalpaz@hotmail.com

Mobile : 9212729499

लेजर टाइपसेटिंग : टैक्ट कम्प्यूटर, दिल्ली

मुद्रित : सालासर ऐमेजिंग सिस्टम, दिल्ली

# समर्पण

पूजनीया माता जी

**श्रीमती राजवती**

स्वर्गीय पिताश्री

**डा० कृष्ण कुमार (भटनागर)**

एवं

प्रिय स्वर्गीया बहिन

**कुमारी अलका**

को

# अनुक्रम

# प्राक्कथन

सम्प्रदाय और जाति के नाम पर भारतीय समाज का बँटवारा एक ऐसी विडम्बना है, जिससे प्रत्येक देशवासी, न्यूनाधिक, प्रभावित हुआ। इस बँटवारे ने देशवासियों की जितनी हानि की है, शायद उतनी किसी अन्य ने नहीं। धर्म-सम्प्रदाय के नाम पर १९४७ में भारत का विभाजन इतिहास का एक कड़वा सत्य है; जबकि तीन हजार पाँच सौ और चार हजार की संख्या के मध्य ज़ातियों और उपजातियों में बँटा समाज राष्ट्रीय एकता और अखण्डता के मार्ग की सबसे बड़ी बाधा है। विशेष रूप से समाज का जातिगत स्वरूप हमारे देश के लिए अभिशाप है। यह धर्म-सम्प्रदाय के नाम पर भेद से कहीं अधिक हानिकारक है।

भारत में जाति-प्रथा का उदय हजारों वर्ष पूर्व हुआ; यह प्रथा प्राचीनकालिक वर्ण-व्यवस्था की उत्तराधिकारिणी है। वर्ण-व्यवस्था की उत्पत्ति निजी व समूह के हितों की, दूसरों के श्रम व शक्ति के बल पर पूर्ति के उद्देश्य से हुई। इसमें किसी दैवी शक्ति का कोई हाथ नहीं था। उत्पत्ति के कुछ वर्षों बाद ही वर्ण-व्यवस्था में विघटन प्रारम्भ हो गया; जो नियम वर्ण-व्यवस्था को बनाए रखने के लिए स्थापित किए थे, वे, प्राकृतिक नियमों और मानवीय स्वतंत्रता के विरुद्ध होने के कारण, टूटने लगे। जैसे-जैसे वर्ण-व्यवस्था टूटती गई, जातियाँ बनने

लगीं। लेकिन वर्ण-व्यवस्था के कारण जो शोषण, परतंत्रता और अन्याय के शिकार हुए, उन्हें जातियों के अस्तित्व में आने पर भी कोई राहत नहीं मिली; दूसरे शब्दों में, उनकी स्थिति और अधिक शोचनीय हाती गई। सैंकड़ों-हजारों वर्षों से एक वर्ग दीन-हीन बनाए रखा गया।

आज, यद्यपि, स्थिति वह नहीं है, जो एक हजार या एक सौ वर्ष पूर्व थी। लेकिन, जाति-प्रथा अभी भी मौजूद है; इससे समाज और राष्ट्र को निरन्तर हानि अभी भी हो रही है। ऐसे में प्रत्येक समझदार और उत्तरदायी व्यक्ति का कर्तव्य है कि वह इस प्रथा की वास्तविकता को समझे। झूठी मानसिकता से जुड़ी इस प्रथा से समाज और देश को सुरक्षित करने को आगे आए।

यह अत्यन्त ही हर्ष का विषय है कि डॉ० अतुल कृष्ण ने जाति-प्रथा की संकीर्णता, अवास्तविकता और समाज व देश पर पड़ने वाले इसके कुप्रभावों का 'पलायन' नामक उपन्यास के माध्यम से सहज व सरल शब्दों में खुलासा किया है। डॉ० कृष्ण ने इस अभिशाप रूपी प्रथा के अन्त और मानवीय एकता का अच्छे ढंग से प्रत्येक का आह्वान किया है।

मुझे विश्वास है कि प्रत्येक सच्चा भारतवासी जाति व सम्प्रदाय के नाम पर होने वाले समाज के विघटन को इस उपन्यास के माध्यम से समझेगा और अपनी मानसिकता को दुरुस्त करते हुए इसके अन्तार्थ आगे आएगा।

– **रवीन्द्र कुमार**

*पूर्व कुलपति*
मेरठ विश्वविद्यालय, मेरठ।

# भूमिका

सामाजिक न्याय की प्राप्ति हमारे समाज और देश की आज भी बहुत बड़ी आवश्यकता है। इक्कीसवीं शताब्दी में मानवता यदि आज भी कहीं पारस्परिक सद्‌भाव और अपनी अस्मिता की पहचान के लिए तड़प और तरस रही हो तो साहित्यकार के लिए, जो साहित्यकार चाहे जितना छोटा हो, किंतु मनुष्य वह बहुत बड़ा हो, जिसने अपना तन-मन और धन सभी कुछ सामाजिक न्याय दिलाने के लिए समर्पित कर दिया हो, रात-दिन जिसके स्वप्न, जिसकी आकांक्षाएँ जिसके जीवन का मर्म, सब कुछ सामाजिक न्याय की भेंट हो चुका हो, उसके लिए यह उद्वेलन मात्र उद्वेलन नहीं रह जाता, वह उसके कर्तव्य-बोध से जुड़ जाता है। 'पलायन' उपन्यास डा० अतुल कृष्ण के इसी उद्वेलन और कर्त्तव्य-बोध का परिणाम है।

उपन्यास के मूल में धर्म-परिवर्तन की घटना है। धर्म-परिवर्तन की घटनाएँ हमारे देश के लिए कोई नई चीज़ नहीं हैं। किन्तु जब इस परिवर्तन का कारण जातिगत विषमता और आत्म-सम्मान तक को गहरी ठेस पहुँचाना होता है, जब यह निम्न कहे और समझे जाने वाले वर्णों पर अत्याचार और उनके शोषण से जुड़ जाता है, तब यह बड़ा दारुण हो उठता है। तब धर्म के रेशम से ढके ढोंग और पाखण्ड के कैक्टस को उखाड़ना अनिवार्य लगने लगता है। बड़े साहस के साथ

लेखक इस समस्या से रु-बरु होता है। वह तटस्थ रहकर समस्या की तह तक पहुँचता है, अच्छाई-बुराई का विश्लेषण करता है और अपने अनुभव के यथार्थ पर अपने सपनों और आकांक्षाओं को बुनता है।

धर्म और जातिगत कट्टरता पर हिंदी-साहित्य में पहले भी बहुत कुछ लिखा-पढ़ा, सोचा और कहा जा चुका है। मध्यकाल की पंद्रहवीं-सोलहवीं शताब्दी में कबीर, दादू, रैदास और गुरुनानक सरीखे संतों ने इसकी अमानवीयता पर कटु प्रहार किए। उन्नीसवीं शताब्दी के उत्तरार्द्ध का काल महर्षि दयानन्द और विवेकानन्द सरीखे प्रबुद्ध जनों के प्रयत्नों से भारतीय जनता का जागरणकाल बन गया। बाद में महात्मा गाँधी और अम्बेडकर आदि ने भी इस कट्टरता के विरोध में ठोस कार्य किया।

फलस्वरूप, आज़ादी के बाद वर्ण, धर्म और जातिगत भेद-भाव को कानूनन मिटा दिया गया। व्यवसाय, शिक्षा-संस्थान, अस्पताल, रेलवे और बस-स्टेशन तथा पूजा-पाठ के सार्वजनिक स्थलों पर हम भेद-भाव भूलकर मिलने लगे। विवाह-संबंधों तक में उदार-दृष्टि के दर्शन होने लगे। आशा की किरणें फूटने लगीं।

पिछले कुछ दिनों से ये किरणें कुहासे में पुनः कहीं खोने लगी हैं। कभी अंग्रेजी शासकों ने हमारी इस पुरानी कमज़ोरी का लाभ उठाकर सत्ता-सुख भोगा था तो अब हमारे अपने राजनीतिक दल उस कमज़ोरी का फायदा उठाने से क्यों चूकें? उन्होंने जाति और वर्णगत भेद-भाव की उखड़ती जड़ों पर नए सिरे से मिट्टी डालनी शुरु की है। उसे सींचने वाले लोग भी मिल गए हैं और उसकी बढ़ती के लिए खाद और रोशनी की जुगत भिड़ाने वाले भी। फलस्वरूप, जाति-पाति का

सूखता बिरवा पुनः हरियाने लगा है। लोगों में वैमनस्य और विद्वेष बढ़ाने के आधारों को खोजा जाने लगा है।

यदि हमारे धर्म में विकृतियाँ आ गई हैं तो क्या उसका इलाज उस धर्म-मार्ग से पलायन कर दूसरा धर्म अपना लेना मात्र है? क्या जाति-विशेष में जन्म लेने के कारण ही मनुष्य वरेण्य और उपेक्षणीय हो जाता है? क्या हिन्दू-मुसलमान और ईसाई आदि की रगो में बहने वाले खून का रंग भिन्न-भिन्न है? क्या निम्न वर्ण का त्याज्य और उपेक्षणीय समझा जाने वाला व्यक्ति, धर्म और जाति बदलते ही ग्राह्य और सम्माननीय हो उठता है? क्या सेवा-सुश्रुषा, प्राण-रक्षा, सहानुभूति और प्यार जैसे मानवीय गुणों के ठेकेदार सिर्फ तथाकथित उच्च और सवर्ण वर्ग वाले ही हैं? डा० अतुल कृष्ण का प्रथम लघु उपन्यास, 'पलायन' केवल इन उक्त प्रश्नों से जूझता ही नहीं है, बल्कि समाधान की दिशा भी देता है।

आशा है, समाज-सेवी क्षेत्रों में इस उपन्यास का स्वागत होगा।

– मानसिंह (वर्मा)

*पूर्व रीडर एवं अध्यक्ष, हिन्दी विभाग*
मेरठ कालेज, मेरठ।

# अपनी बात

पलायन का यह दूसरा एवं विशेष संस्करण है। जैसा कि मैंने पहले संस्करण में लिखा है, जब मैं लगभग ६ वर्ष का था तो मेरी छोटी बहिन अलका की अचानक मृत्यु हो गई। मेरे जीवन की वह एक अत्यन्त महत्त्वपूर्ण व दुखद घटना थी। मैंने उस समय सेवा-संकल्प लिया था। तभी से अपने अन्दर विचारों के तूफानों को मैंने महसूस किया है। उन उमड़ते विचारों के उद्वेलन के फलस्वरूप मैंने एक ओर तो उन्हें क्रियात्मक रूप देने का प्रयत्न किया तो दूसरी ओर उन्हें लिखकर अभिव्यक्त करने का। छुटपन में लिखने का प्रयत्न करता था, कुछ गद्य कुछ पद्य लिखता था, उसे अपनी वन्दिता दीदी को दिखाता था। भाषा की दृष्टि से उसमें इतनी ग़लतियाँ होती थीं कि जब वे उनमें सुधार कर मुझे वापस देती थीं तो अपनी मन्द बुद्धि पर मुझे खेद होता था।

विचारों के उद्वेलन व लिखने की इच्छा पर उस समय प्रतिबन्ध लग गया, जब मैं डाक्टरी के लिए प्रवेश पा गया। इस सेवा के लिए पूर्ण समर्पण चाहिए। अतः जीवन के लगभग बीस बहुमूल्य वर्ष पूर्ण समर्पण के साथ मैंने इस सेवा के मन्दिर-निर्माण में लगाए। सामाजिक विषमताओं को देखकर कभी-कभी तूफान मन की सीमाएँ लाँघकर क्रियात्मक क्षेत्र में आते तो रहे पर सेवा को समर्पित मुझको डाक्टरी

के क्षेत्र से हटा नहीं सके। कालान्तर में अवश्य ही उन्होंने सुभारती समाज के रूप में जन्म ले लिया।

आज डाक्टरी के क्षेत्र में प्रभुकृपा से मन्दिर-निर्माण पूर्ण हो चुका है। आज ईश्वर ने मुझे एक ऐसे स्थान पर ला दिया है, जहाँ से मैं समय निकालकर डाक्टरी के अतिरिक्त अन्य सामाजिक कार्य भी कर पा रहा हूँ।

डाक्टरी से चुराए इन्हीं लम्हों ने मुझे अपने अनुभवों, हृदय की वेदना तथा एक विशुद्ध मानवीय समाज के निर्माण की तीव्र उत्कंठा से कुछ लिखने को मज़बूर कर दिया। मैं पहले ही कह चुका हूँ कि भाषा पर अधिकार मुझे कभी नहीं रहा। मैं अपने को साहित्यकारों की श्रेणी में गिनने की तो कल्पना भी नहीं कर सकता। जन सामान्य की भाषा में मैंने कुछ-कुछ लिखा। बहुत समय तक उसे किसी को भी दिखाने का साहस नहीं हुआ। कुछ साहित्य-प्रेमियों को दिखाया तो उन्होंने जो कमियाँ बताईं, अवश्य ही वे सच थीं, उन्हें जानकर तो बिल्कुल साहस नहीं हुआ। इस रचना को सदा के लिए भूल जाने के विचार से ही रख दिया। इसी दौरान मैंने कुछ कथाएँ भी लिखीं। यही गति इन कथाओं की भी हुई। कुछ कथाएँ मैंने कुछ पत्रिकाओं में भी भेजीं, वे सभी "सधन्यवाद" वापस आ गईं। एक बार मेरे सहयोगी श्री विजय दलीप ने मेरी एक कथा को श्री साई सेवक गुरु जी को दिखाया। सर्वप्रथम उन्होंने उसे पसन्द किया। उसमें बहुत उपयोगी सुधार उन्होंने स्वयं किए व उसे अपनी पत्रिका 'साई दीपिका' में छापा। मुझे प्रोत्साहन मिला। एक बार गुरु जी मुझे मिले तो कहने लगे कि, "साई दीपिका के अगले संस्करण के लिए मुझे एक और रचना दो।"

उन्होंने बताया कि प्रथम रचना के सम्बन्ध में उनके पास पाठकों के अनेक प्रशस्ति पत्र आए। ये उन्होंने मेरा मनोबल बढ़ाने व मुझे कुछ और लिखने के लिए प्रोत्साहित करने हेतु किया या सच में पाठकों ने उक्त रचना को सराहा था, मैं नहीं जानता, परन्तु उनके कहने मात्र से मुझे असीम मनोबल मिला। मैंने एक और रचना उन्हें दी। उसे भी उन्होंने उचित सुधार के बाद 'साई दीपिका' में छापा। मैंने उन्हें अपनी यह रचना भी दी।

इसे भी उन्होंने सराहा व सुधारों के लिए दिशा निर्देशन दिया। उनके द्वारा ही आगे बढ़ने का मनोबल मुझे मिला है। जीवन को सार्थक दिशा देने के लिए ऐसा गुरु प्रभु सभी को दें। उनके चरणों में मेरे श्रद्धा-सुमन अर्पित हैं।

यह रचना मैंने साधना दीदी को दी, जो देहली में लक्ष्मी बाई कॉलिज में हिन्दी की रीडर थीं। उन्होंने भी मुझे प्रोत्साहित किया व अनेक सुझाव दिए। उनके सुझावों का इस रचना में महत्त्वपूर्ण योगदान है। मैं उनका हृदय से आभारी हूँ। इसी बीच प्रभु-कृपा से मुझे अनायास ही गुरुवर श्री मान सिंह (वर्मा) का आशीर्वाद प्राप्त हो गया। धीरे-धीरे गुरु-शिष्य में इतना प्रेम व आत्मीयता हो गई कि मैं अपनी रचना उन्हें दे बैठा। जितना परिश्रम मैंने इस रचना को लिखने में नहीं किया होगा उससे कई गुना अधिक उन्होंने इसे प्रस्तुत करने योग्य बनाने में किया। यह उनका ही अथक परिश्रम है कि ये रचना आपके बीच है। मेरी बिसात गुरु को धन्यवाद देने की नहीं है। मैं तो उनके चरणों में श्रद्धा-सुमन ही अर्पित कर सकता हूँ।

मेरे जीवन के हर महत्त्वपूर्ण कार्य से एक नाम जुड़ा है। यह

नाम है मेरे बड़े भाई श्री हरिओम (पंवार) का। हर अनिश्चितता व परीक्षा की घड़ी में उन्होंने मेरा हाथ थामा है। यहाँ भी मैं उन्हें एक सहारे के रूप में पाता हूँ। जब मैंने उन्हें अपनी रचना दिखाकर उनकी प्रतिक्रिया जाननी चाही तो उनके शब्द थे, "अतुल भय्या, इस उपन्यास के प्रकाशन का सम्पूर्ण खर्च मैं उठाऊँगा।" आपको मेरा नमन है।

इसे प्रकाशन योग्य बनाने में श्री विजय दलीप का सहयोग, श्री तारा सिंह के सुझाव, श्री संजय व श्री विष्णु दत्त का परिश्रम अविस्मरणीय है।

मैं अपनी पत्नी डा० श्रीमती मुक्ति व अपने बच्चों-कुमारी शल्याराज, कृष्णमूर्ति व अवनि कमल का गुनहगार हूँ। उनका यह सोचना कि जो समय मैं समाज-सेवा या लेखन में लगा रहा हूँ, वास्तव में उस पर इन लोगों का अधिकार था, उनके दृष्टिकोण से तर्कसंगत हो सकता है। मैंने उन्हें इस अधिकार से वंचित किया है। मैं उनकी सराहना करता हूँ कि उसके बावजूद भी उनका सहयोग मुझे सदैव मिला है।

पाठकों से निवेदन करना चाहूँगा कि मैं डा० राधेश्याम नहीं हूँ। मैं तो उनका पासंग भी नहीं हूँ।

हाँ, उन जैसा बनना मेरा स्वप्न है, मेरी कामना है।

जब हम डाक्टरी में पढ़ते थे तो हमारे एक अग्रज थे, डा० राधेश्याम। हम उन्हें एक आदर्श मानते थे। वे आज कहाँ हैं, मैं नहीं जानता। यह मेरा विश्वास है कि वे जहाँ भी होंगे ऐसे ही होंगे। वे ही मेरी रचना के प्राण हैं।

इस रचना में मेरे जीवन में घटी अनेक सत्य घटनाओं का मिश्रण है। यह अवश्य है कि उन्हें बहुत कुछ घटा या बढ़ा दिया गया है। कड़ियों को जोड़ने के लिए बहुत-सी कल्पनाओं का प्रयोग भी मैंने किया है।

मेरा उद्देश्य किसी जाति या संप्रदाय की आलोचना करना नहीं है। मैंने जो भी लिखा है अपनी समझ में तटस्थ भाव से लिखा है। मेरा प्रयास सत्य को उजागर करना मात्र है। फिर भी यह किसी की भावनाओं को यदि थोड़ा भी आहत करता है तो मैं उनसे क्षमा याचना करता हूँ।

इस रचना को प्रकाशित करने का मेरा उद्देश्य तो सिर्फ इतना है कि जाति, संप्रदाय और धर्म के नाम पर जो समाज आज विघटन के कगार पर आ खड़ा हुआ है, उसे टूटने से बचाने की एक दिशा की ओर संकेत किया जा सके। यदि ऐसा सचमुच हो पाया तो मैं अपने श्रम को सार्थक समझूँगा।

इस विशेष संस्करण की तैयारी हेतु और मुख्य रूप से पहले संस्करण में रह गई त्रुटियों को शुद्ध करने हेतु, मूल्यवान सुझाव देने के लिए मैं श्री मनोज कुमार 'मनोज' का धन्यवाद करता हूँ। इसी के साथ, इस विशेष संस्करण का प्राक्कथन लिखने के लिए मैं डॉ० रवीन्द्र कुमार का हृदय से आभार व्यक्त करता हूँ।

–अतुल कृष्ण

# परिचय

डा० राधेश्याम शहर के एक अच्छे सर्जन हैं। सीधे सादे स्वभाव के डाक्टर साहब बेकार के ढोंग नहीं करते। सादा जीवन उच्च विचार ही इनका नियम है। मरीज़ डाक्टर साहब में बड़ा विश्वास रखते हैं और कभी-कभी तो डाक्टरी की बातों से हटकर अपनी घर गृहस्थी की बातें भी करने लगते हैं। निर्धन लोगों की बस्तियों में जाकर समाज सेवा भी डाक्टर साहब करते रहते हैं।

**"सर्वे भवन्तु सुखिनः सर्वे सन्तु निरामया"**

जैसे वेद वाक्यों का सही अर्थ डा० राधेश्याम जानते हैं । एक बार एक मित्र सुभाष को समझाते हुए कह रहे थे।

"देखो, इसका भाषिक अर्थ है, सभी सुखी हों, सभी निरोग हों। यह हमारा वेद-वाक्य है।"

सुभाष ने पूछा- "अर्थ भी क्या अनेक होते हैं? एक भाषिक और एक...?"

"हाँ, शब्दों के अनेक अर्थ होते हैं। भाषिक अर्थ वह होता है, जो शब्द कोषों में लिखा होता है और विचारों के आदान-प्रदान में काम चलाऊ सिद्ध होता है।"

"तो क्या कोई ऐसा भी अर्थ है, जो काम चलाऊ न होकर विशेष और गंभीर प्रभाव छोड़ता है।"

"हाँ, उसी अर्थ की तो बात मैं कर रहा हूँ। उस अर्थ को हम

आचरणिक या व्यावहारिक अर्थ कह सकते हैं। सिद्ध पुरुष अपने आचरण में उतारकर शब्दों में नया अर्थ भरते हैं।"

"वह कैसे?"

"एक उदाहरण से मेरी बात अधिक स्पष्ट हो जाएगी। देखिए, गाँधी जी से पहले भी अहिंसा शब्द का प्रयोग होता था। उसका भाषिक अर्थ केवल इतना ही था कि किसी जड़ या चेतन के विरुद्ध व्यक्ति शारीरिक या मानसिक रूप से अनुचित व्यवहार न करे, बलात्कार न करे। किन्तु...."

सुभाष ठहाका लगाते हुए बोले- "बलात्कार! यानि विचारों का रेप!"

"अरे, चौंक क्यों रहे हो? क्या केवल महिला के शरीर के साथ ही बलात्कार होता है? वास्तव में तो दूसरे की इच्छा, स्वभाव और हित के विरुद्ध कोई भी बलपूर्वक किया गया कृत्य बलात्कार कहलाता है। ख़ैर, छोड़ो इसे। हाँ, मैं कह रहा था कि गाँधी जी ने अपने आचरण द्वारा अहिंसा में नया अर्थ भर दिया। सम्पूर्ण विश्व में छाई पूरी-की-पूरी राजसत्ता को केवल अहिंसा के बल पर ही झकझोर दिया और इस प्रकार अहिंसा केवल एक मानवी गुण न रहकर बड़ी भारी शक्ति बन गई। बन गई कि नहीं?"

"हाँ, सो तो है। तो क्या इसका अर्थ यह हुआ कि 'चाँटा' शब्द का सही अर्थ समझाने के लिए खुद चाँटा खाना पड़ेगा?"

"नहीं, तुम जैसा दूसरों को लगा भी सकता है।"

दोनों ठहाका मारकर हँस दिए।

इसी तरह 'सर्वे भवन्तु सुखिनः सर्वे सन्तु निरामया' को सार्थक रूप से जनता को समझाने का प्रयास डा० राधेश्याम करते हैं। गाँवों

और शहर के पिछड़े क्षेत्रों में जाकर लोगों के कष्टों को दूर करने का प्रयत्न व लोगों को निरोग बनाने की चेष्टा डा० राधेश्याम की होती है।

इसके अतिरिक्त सामाजिक कुरीतियों व अवधारणाओं को समाप्त कर समाज को स्वस्थ बनाने की परिकल्पना इनकी होती है। इसी कारण जब भी समय मिलता है डा० राधेश्याम विभिन्न संप्रदायों की पुस्तकों व सामाजिक शास्त्र की पुस्तकों का अध्ययन करते हैं।

क्लीनिक व घर ऊपर नीचे हैं। ऊपर घर है व नीचे क्लीनिक। आप प्रातः १० बजे से २ बजे तक अपने क्लीनिक पर बैठते हैं।

दो बजने वाले हैं। अन्तिम रोगी देखकर अब डा० राधेश्याम उसे दवा समझा रहे हैं।

●●●

# सुकून की तलाश

ट र्र र्र र्र र्र न – एक और घंटी बजी।

"जी सर", लीलू ने अन्दर आकर कहा।

"कोई और मरीज़ तो नहीं है?"

"एक है सर। अभी-अभी आया है। पर्ची काट रहा हूँ।"

"अच्छा। भेजो जल्दी।"

"डाक्टर साहब सलाम वालेकुम" – एक दाढ़ी वाले अधेड़ उम्र के आदमी ने क्लीनिक में प्रवेश करते हुए कहा और अपनी पर्ची डाक्टर साहब की ओर बढ़ा दी। पर्ची पर शब्बीर अहमद नाम लिखा था। डाक्टर साहब को थोड़ा अटपटा लगा। आप इस्लाम और उर्दू का भी ख़ासा ज्ञान रखते हैं। सही शब्द तो अस्सलाम आलैकुम है, फिर इसने मुसलमान होने पर भी, ख़ाली सलाम वालेकुम क्यों कहा? ख़ैर, हो सकता है कि जल्दी में मुँह से निकल गया हो या फिर इसे भी सही जानकारी न हो। कोई नई बात नहीं है। कितने ही लोग यह ग़लती करते हैं।

"वाले-कुम अस्सलाम शब्बीर मियाँ। तशरीफ़ रखिए। कहिए क्या हुआ? ख़ैरियत तो है?"

"ठीक तो हूँ। पर पुराना मर्ज़ फिर ज़ोर मार रहा है।"

"क्या हुआ?"

"पेट में दर्द है।"

"अच्छा लेटिए; फ़िक्र न करें, मैं अभी देखता हूँ।"

और शब्बीर मियाँ साथ में रखी कोच पर लेट गए। डाक्टर साहब ने पूछा और देखना शुरु किया "बताइये, कहाँ दर्द होता है?"

"सारे पेट में ही रहता है। थोड़ा-थोड़ा हर समय रहता है, पर कभी-कभी तेज़ हो जाता है।"

"खाना खाने से कम-ज़्यादा तो नहीं होता?"

"खाने के फ़ौरन बाद शौच जाना पड़ता है, साहब। दर्द तो वैसा ही रहता है, पर अफ़ारा आ जाता है।"

डाक्टर साहब ने कई सवाल पूछे। क्या खाते हो? उल्टी तो नहीं होती? शौच कैसा होता है? भूख कैसी लगती है? और पेट को भी खूब टटोल कर देखा। थोड़ा ठोका-पीटा भी। यही सब तरीके हैं आजकल डाक्टरों के। फिर आला लगाकर न जाने पेट में क्या सुनते रहे। जैसे कोई बड़ी तन्मयता से शास्त्रीय संगीत सुन रहा हो! पूरी तरह जाँच-परख करने के बाद डाक्टर साहब ने शब्बीर के कंधों पर हाथ रखा और बोले "आइए शब्बीर मियाँ। अब उतर आइए। अल्लाह ने चाहा तो आपको जल्द सुकून मिलेगा।"

शब्बीर कोच से उतरकर सामने कुर्सी पर आ बैठे।

"नमाज़ पढ़ते समय झुकने में तो पेट नहीं दुखता?" डाक्टर साहब ने पूछा।

शब्बीर के चेहरे पर थोड़ी बेचैनी के भाव पैदा हुए पर जल्द ही कोई उसे नहीं पकड़ सकता था। दाढ़ी जो थी। बहुत कुछ छुप जाता है दाढ़ी में।

"जी... जी.... नमाज़... नमाज़ मैं रोज़ नहीं पढ़ता।"

"अरे! कैसे मुसलमान हो? नमाज़ रोज़ नहीं पढ़ते, मुसलमान तो पाँच वक्त नमाज़ पढ़ते हैं भाई।"

"बात तो ठीक है आपकी। पर मैं रोज़ नहीं पढ़ता।"

"मुझे तुम्हारे धार्मिक मामले में पूछने का हक़ तो नहीं है पर क्योंकि इसका तुम्हारी बीमारी से सम्बन्ध है, इसलिए पूछ रहा हूँ। यह बताओ अबकी बार रोज़े रखे थे कि नहीं?"

"नहीं डाक्टर साहब।" शब्बीर बोला।

"हाँ भाई आजकल यही है, मुसलमानों ने नमाज़, रोज़े छोड़ दिए। हिन्दुओं ने पूजा-अर्चना छोड़ दी। सच पूछो तो इनमें है भी क्या? सही सोचो और भगवान को याद रखकर सही काम करो। इसी में बरक्कत है। अच्छा छोड़ो, मतलब की बात पर आओ। ऐसा दर्द कभी पहले भी हुआ है क्या?"

"दो वर्ष पहले ऐसा ही दर्द हुआ था। आपने दवा लिखी थी। जादू का काम किया था, आपकी दवा ने। कई डाक्टरों को दिखाकर आपके पास आया था और आपने दो दिन में ही ठीक कर दिया था।"

"मैंने क्या अल्लाह ने ठीक किया होगा तुम्हें। जितनी तक़लीफ उसे देनी है यह भी नियत है, और कब? और किसके हाथ से ठीक करना है? यह भी उसी का फ़ैसला होता है। हम तो उसके हाथ की कठपुतली हैं।"

डाक्टर राधेश्याम ने पूछा "तब का कोई पर्चा है क्या?"

"जी हाँ। मैंने तो सँभालकर रखा है। उस पर पन्नी भी चढ़वा रखी है। अब की बार भी आपके पास आने से पहले यही दवा सात दिन तक ली। पर आराम नहीं हुआ तो आया।"

"यह क्या? अरे! एक बार के पर्चे से हमेशा थोड़े ही आराम होता है। पहले क्या बीमारी रही हो अब क्या हो? कभी बिना दिखाए दवा नहीं खानी चाहिए।"

"नहीं डाक्टर साहब। आपका पर्चा तो रामबाण है। मुझे बीच-बीच में कई बार दर्द हुआ और हमेशा आपके पर्चे की दवा खाई और दो दिन में ही ठीक हो गया। तभी तो नहीं आया अब तक। आपकी जैसी दवा तो पुराने वैद्यों के पास भी नहीं है। बस अब की बार तो बात ही कुछ और लगती है।"

डाक्टर साहब सोच रहे थे कि देखो कैसा मुसलमान है। नमाज़ नहीं पढ़ता, रोज़े नहीं रखता, अल्लाह की जगह राम कहता है। हकीम लुकमान के बदले वैद्य बोलता है। मुसलमान तो इन बातों में भी बड़े कट्टर होते हैं। मज़हबी टकराव का एक कारण यह कट्टरपन भी तो है।

शब्बीर ने जेब से कई सारे कागज़ों में से ढूँढ़कर एक पन्नी चढ़ा पर्चा निकाला और डाक्टर साहब के सामने मेज़ पर रख दिया।

"यह लीजिए पुराना पर्चा।"

"अरे! यह किसका पर्चा दे दिया तुमने? अपना पर्चा दो न।"

"मेरा ही पर्चा है डाक्टर साहब।"

डाक्टर साहब की आँखें उठीं और एकटक शब्बीर को घूरने लगीं; .. बड़े विस्मय के साथ। कुछ क्षण शब्बीर में कुछ ढूँढ़कर फिर पर्चे की ओर देखने लगीं। शब्बीर ने चुप्पी तोड़ी --

"आप मुझे पहचाने नहीं डाक्टर साहब। मैं तो सोच रहा था कि आपने मुझे पहचान ही लिया होगा।"

"नहीं, नहीं, ऐसा नहीं। थोड़ा तो पहचान रहा हूँ पर पूरी तरह नहीं पहचान पाया" डाक्टर साहब न पहचानते हुए भी आगे बोले -

"असल में थोड़ा चकराया इसलिए था कि जो पर्चा आपने दिया है उस पर सतवीर लिखा है। जबकि आपका नाम शब्बीर है। पिछली बार या तो मैंने ग़लती से सतवीर लिख दिया होगा या बाहर लड़के ने पर्ची पर सतवीर लिखा होगा, और मैंने उसे देखकर ही आपका नाम सतवीर लिख दिया होगा। सतवीर और शब्बीर बड़ा मिलता जुलता है न। ग़लती किसी के भी द्वारा हो सकती है। पर मुझसे ऐसी ग़लती हो अजीब-सी बात है। आपने भी पिछली बार नहीं टोका।" अपनी झेंप को मिटाते हुए डाक्टर साहब एक साथ सब कुछ कह गए।

शब्बीर मन्द-मन्द मुस्करा रहा था। छुपाने पर भी उसकी मुस्कराहट उसकी दाढ़ी की सीमाएँ लाँघकर स्पष्ट झलकने लगी।

"नहीं डाक्टर साहब ग़लती आपसे या आपके लड़के से नहीं हुई। ग़लती तो बस वक्त की हुई है। असल में आपने मुझे पहचाना ही नहीं है।"

"वो कैसे?"

"मैं तो आपका वही सतवीर हूँ, जिसे आपने बातों-बातों में सत्तो नाम दे दिया था। याद आया आपको, चौधरी साहब ने मुझे चिट्ठी लिखकर आपके पास भेजा था। वही चौधरी साहब...आपके दोस्त. ...पुराने फार्म वाले...।"

डाक्टर साहब उछल पड़े। उन्हें याद आ रहा था। चौधरी अजब सिंह उनके ख़ास दोस्त थे। उनका फार्म "पुराने फार्म" के नाम से मशहूर था। "हाँ, उन्होंने एक बार अपने चौकीदार को भेजा था। बड़ा दर्द था उसके पेट में। अरे हाँ, यह तो वही है सत्तो। एक सप्ताह में मैंने उसे तीन बार बुलाया था, फ्री देखा था। वही सतवीर यानी

सत्तो।" डाक्टर साहब की विचारों की लहर दौड़ गई। विचार फिर घूमे "सत्तो, सतवीर और अब शब्बीर यह क्या? इसने धर्म-परिवर्तन कर लिया क्या? लेकिन क्यों?"

डाक्टर साहब सोच में थे कि इससे कुछ पूछें या यूँ ही दवा लिखकर दे दें। कुछ पूछने पर बुरा तो नहीं मान जाएगा। "धर्म तो अपना व्यक्तिगत मामला है बदल लिया होगा। मुझे क्या।"

इस विषय में कुछ न पूछने का निर्णय लेकर दवा के लिए पर्चे पर डाक्टर साहब ने शब्बीर लिख दिया था, पर आगे कुछ कलम नहीं चली। जैसे कि बुद्धि पर बन्द लग गया। थौट ब्लॉक हो गया। विचार शून्य हो गए। "क्या दवा लिखूँ?" दवा के बदले दूसरे विचारों की आँधी-सी आ रही थी। उनके मन में स्वतः प्रश्न व उत्तर का प्रवाह हो रहा था "पर उसने धर्म क्यों बदला? पूछ ही लूँ। क्या हर्ज है। बुरा नहीं मानेगा। मैं क्या कुछ और तो नहीं कह रहा? बदल लिया तो बदल लिया। मैं कौन एतराज़ कर रहा हूँ। पर बात का पता तो चले।"

डाक्टर साहब पर्चे पर दवा नहीं लिख पा रहे थे। एक समाज-सेवी होने के नाते उन्हें उत्कंठा थी कि समाज के दुख-दर्द का भी पता करें। यह उनका कर्तव्य भी तो है। आख़िर काफ़ी सोच-विचार के बाद पूछ ही बैठे--

"कुछ व्यक्तिगत बात पूछूँ? बुरा तो नहीं मानोगे?"

"नहीं, बुरा क्यों मानूँगा?"

डाक्टर साहब ने पूछा, "तो बताओ कि तुमने धर्म क्यों बदला? क्या पैसे का कोई लालच था?"

"नहीं साहब।"

"फिर क्यों बदला? क्या इस्लाम धर्म हिन्दू धर्म से अच्छा है?"

"यह तो मैं नहीं जानता पर ...।" शब्बीर चुप हो गया।

डाक्टर साहब ने कहा, "पूरी बात बताओ न।"

"फिर कभी बताऊँगा। अब आपको भी देर हो रही है।"

"नहीं, मुझे कोई देर नहीं हो रही। तुम बताओ, तुम्हें तो जल्दी नहीं है।"

"नहीं साहब, मैं तो फुरसत में हूँ।"

"तो फिर बताओ।"

"आप बुरा तो नहीं मानेंगे, सच कहूँ तो।"

"नहीं, कदापि नहीं। तुम सच कहो।"

"सच तो यह है डाक्टर साहब कि हिन्दू धर्म में बड़ा अन्याय है, ढोंग है। नीची जाति वालों के लिए तो नरक है।"

डाक्टर साहब का चेहरा फक्क पड़ गया। शब्बीर भी यह कहकर चुप हो गया। उसे लगा कि डाक्टर साहब को यह अच्छा नहीं लगा। एक दम सन्नाटा छा गया!

"चुप क्यों हो गए शब्बीर?"

डा० राधेश्याम थोड़ी देर बाद चुप्पी का वातावरण तोड़ते हुए बोले "हाँ, तो तुम कह रहे थे कि हिन्दू धर्म में नीची जाति वालों पर बड़ा अत्याचार है। बताओ तुमने यह नतीजा कैसे निकाला? निश्चिंत होकर बताओ।"

शब्बीर चुप था। शब्बीर को बार-बार पश्चाताप हो रहा था। वह सोचने लगा कि डा० राधेश्याम ऊँची जाति के हैं। उन्हें क्यों न बुरा लगा होगा। उसका कोई इरादा डाक्टर साहब को कष्ट पहुँचाने का

नहीं था। और होता भी क्यों? वह तो डा० राधेश्याम को एक कुशल डाक्टर मानता था। अपना इलाज करवाने मात्र के उद्देश्य से ही आया था। यदि डाक्टर मन से इलाज न करे तो भी काम नहीं चलेगा। अभी शब्बीर गम्भीरता से अपनी मूर्खता पर दुखी हो ही रहा था कि डा० राधेश्याम ने फिर से पूछा–

"अरे शब्बीर यार! कुछ बोलो न। तुम तो पत्थर की मूर्ति ही बन गए।"

"मुझे माफ करें डाक्टर साहब। मेरा मतलब आपको दुखी करने का नहीं था।"

डाक्टर साहब ज़ोर से हँस पड़े।

"मैं दुखी कब हो रहा हूँ यार। मुझे तो अच्छा लगा कि आख़िर तुमने मुझे अपना समझा। वरना दिल की बात ग़ैर से तो कोई नहीं कहता। तुम दिल खोलकर कहो। मैं ऐसा कट्टरतावादी हिन्दू नहीं हूँ कि तुम्हारी बात बिना सुने–समझे बुरा मान बैठूँ।

शब्बीर ने कहा "वैसे डाक्टर साहब एक बात बताएँगे?"

"हाँ, पूछो।"

"आप किस जाति के हो?"

डा० राधेश्याम मुस्कराकर बोले, "जातिविहीन हूँ।"

"नहीं, सच बताइए। शर्मा हैं क्या?"

"नहीं।"

"तो गुप्ता होंगे।"

"वह भी नहीं।"

"तो... अच्छा आप ही बताइए न कि कौन बिरादरी के हैं?

आप आगे कुछ लिखते ही नहीं। पता नहीं चलता कि कौन के जाति हैं?"

डाक्टर राधेश्याम समझ गए थे कि शब्बीर ऊँची जाति वाले व्यक्ति से उन्हीं की जाति वालों के विरुद्ध कुछ कहना नहीं चाहता। "इसलिए ही वह मेरी जाति पूछ रहा है। वरना इसे मेरी जाति-बिरादरी से क्या लेना-देना।" डा० राधेश्याम बोले –

"शूद्र हूँ।"

"यह कोई जाति नहीं होती डाक्टर साहब।"

"क्यों, बामन, क्षत्रिय, वैश्य, शूद्र नहीं होते क्या?"

"होते तो हैं पर अब तो जाटव, खटीक, नाई, वाल्मीकि, शर्मा, गुप्ता होते हैं। शूद्र अलग से थोड़े ही होता है कोई।"

"यह भी तुम ठीक कह रहे हो। ये भी होते हैं।"

"तो इनमें से आप क्या हैं?"

"कुछ भी समझ लो।"

"आप तो मज़ाक कर रहे हैं। मैं तो वैसे ही पूछ रहा था। मुझे मालूम है कि आप तो बामन हैं।"

"नहीं। देखो मैं शूद्र हूँ क्योंकि सबकी सेवा करता हूँ। सेवा करने वाले को ही तो शूद्र कहते हैं न। वैसे जन्मजात मेरी कोई जाति नहीं है। मैं जाति बिरादरी नहीं मानता।"

शब्बीर फिर चुप हो गया। वह समझ नहीं पा रहा था कि डाक्टर साहब से अब कैसे पीछा छुड़ाए। वह किसी विवाद में पड़ना ही नहीं चाहता था। उसका मन तो पहले से ही बड़ा दुखी था। और दुख वह स्वयं मोल नहीं लेना चाहता था।

डाक्टर साहब एक बार फिर शब्बीर को समझाते हुए बोले -

"देखो मुझे शूद्र समझकर बात करोगे तो सच बोलोगे। मैं चाहता हूँ कि या तो मुझे शूद्र मानों या फिर अपना दोस्त। दोस्त से भी मन की बात छुपानी नहीं चाहिए। कहो! दिल खोल कर कहो।"

शब्बीर में धीरे-धीरे आत्मविश्वास आ गया था। वह पहले तो हल्के से मुस्कराया फिर गम्भीर हो गया। बड़े गम्भीर और आत्म-विश्वास भरे शब्दों में वह धीरे-धीरे बोला -

"आपकी दुकान के बाहर किसी ने पोस्टर लगा रखा है 'गर्व से कहो हम हिन्दू हैं।' डाक्टर साहब! सोचिए भला कि क्या कोई छोटी जाति वाला यह सोच कर गर्व कर सकता है कि वह हिन्दू है?"

"तुम्हारी बात में तो दम है। पर यह बताओ, तुम्हारे साथ क्या हुआ? जो तुमने धर्म परिवर्तन किया!"

"हम तो बचपन से देखते आ रहे हैं डाक्टर साहब! हमारे बाप दादाओं को गाँव में बड़ी जाति वाले कैसे दुत्कारते थे। बेगार कराते थे। इज़्ज़त नाम की कोई चीज़ तो थी ही नहीं, हमारी माँ-बहिने चौधरियों के घर गोबर पाथती थीं, छोटा-बड़ा काम कर आती थीं। हमारा उनके सामने आँख उठाना तो दूर, हम चौपाल पर चढ़ भी नहीं सकते थे। मैंने स्कूल जाना शुरु किया तो मास्टर ने अलग बैठा दिया। मैंने तो स्कूल ही छोड़ दिया था। ग़रीबी तो थी ही। हुक्का-पानी सब अलग था।"

शब्बीर इतना कहकर चुप हो गया। डा० राधेश्याम ठगे-से बैठे थे। एक-एक शब्द उनके हृदय पर आघात कर रहा था। उनका दिल रो रहा था। शब्बीर जो कुछ कह रहा था यदि असत्य होता तो

डा० राधेश्याम उसे दुत्कार देते। पर वह सच ही तो कह रहा था। समाज द्वारा एक असहाय किस प्रकार सताया जाता है, उसका ही तो बयान कर रहा था। सच्चाई से मुँह तो छिपाया नहीं जा सकता। आज की आवश्यकता सच्चाई स्वीकार करके उसका समाधान खोजने की है।

शब्बीर चुप था। दोनों की चुप्पी से वातावरण एकदम शान्त हो गया।

चुप्पी को चीरकर डाक्टर राधेश्याम की मृदुवाणी शब्बीर तक पहुँची।

"चाय पिओगे सत्तो। अरे! सत्तो नहीं, शब्बो।" डाक्टर साहब हल्के-से मुस्करा दिए।

शब्बीर भी मुस्कराया और बोला "नहीं। शुक्रिया।"

"चाय को मैं ज़ोर नहीं दे रहा हूँ क्योंकि तुम्हें पेट-दर्द में चाय लेनी भी नहीं चाहिए। अच्छा आगे कहो। क्या कह रहे थे?"

शब्बीर बोला "इन्हीं परिस्थितियों ने हमें कहाँ-से-कहाँ पहुँचा दिया।"

## (२)

चौधरी अजब सिंह सतवीर के गाँव के ही हैं। सतवीर की उम्र के ही होंगे या थोड़े बहुत बड़े। गाँव के बड़े आदमी हैं। जाति भी ऊँची है और पैसा व ज़मीन भी ख़ासी है। इनके पूर्वज जमींदार थे। चौधरी अजब सिंह के पुरखों ने शहर के पास भी एक फार्म बना रखा था। उसी में फार्म हाउस था। जब वह बनाया गया था तब तो शहर से थोड़ी दूरी पर था किन्तु धीरे-धीरे शहर ने बढ़कर अब उसे अपने आग़ोश में ले लिया।

यही फार्म पुराने फार्म के नाम से प्रसिद्ध था और आज भी है।

अब से पहले कुछ कर्मचारी आदि पुराने फ़ार्म पर कार्य करते व रहते थे। परिवार के लोग तो कभी-कभी ही शहर जाते थे। एक दो दिन के लिए फार्म हाउस पर रुक भी जाते थे।

लेकिन अब समय बदल रहा था। चौधरी अजब सिंह गाँव की ज़िंदगी से ऊब चुके थे। वे अब अपने शहर वाले मकान में जाना चाहते थे। पर साथ कुछ नौकर-चाकर भी चाहिए न। चौधरी अजब सिंह सतवीर को अपने साथ शहर ले जाना चाहते थे। अजब सिंह जानते थे कि सतवीर एक मेहनती व ईमानदार व्यक्ति था। उस पर परिवार का बोझ भी नहीं था। अधिक बोलना उसकी आदत न थी। चुपचाप काम करता रहता था।

अजब सिंह ने सतवीर को बुलाया।

"सतवीर हम अब शहर में रहेंगे। हम चाहते हैं कि शहर में तुम भी हमारे साथ चलो।"

सतवीर बोला "मैं वहाँ क्या करूँगा साहब।"

अजब ने कहा "अरे भाई करोगे क्या? मेरे साथ रहोगे और क्या? जो कोई काम होगा तुम भी देख लिया करना।"

साथ रहने की बात सुनकर सतवीर का रोम-रोम हर्षित हो उठा। उसकी कितने वर्षों की अभिलाषा पूर्ण होने जा रही थी। यह सोचकर वह मन-ही-मन चहक रहा था। गाँव की अलगाव व तिरस्कार भरी ज़िंदगी से तो वह पहले से ही परेशान हो चुका था। उसे जाति के आधार पर जो परिहास का सामना करना पड़ता था वह उसकी समझ से बाहर था। वह समझ नहीं पाता था कि उन ऊँची जाति वालों

में तथा उसमें अन्तर क्या है? एक-सा शरीर, खून का रंग भी एक-सा। केवल अन्तर इतना ही तो था कि वे पैसे वाले थे और सतवीर निर्धन। परन्तु अब शहर में यह सब नहीं होगा। चहककर बोला,

"ठीक है साहब, हम चलेंगे। आपके साथ रहेंगे।"

चौधरी ने कहा,

"हम तो कल ही जा रहे हैं। तुम तो चलो हमारे साथ ही, कुछ दिन बाद बीवी बच्चों को भी बुलवा लेना।"

सतवीर हँसकर बोला "आप तो जानते हैं कि मैंने शादी नहीं की है। कहाँ से लाऊँगा बीवी बच्चे।"

चौधरी भी हँसकर बोले "अरे हाँ, मैं तो भूल ही गया था।"

चौधरी अजब सिंह का परिवार तथा सतवीर शहर के मकान में आ गए। चौधरी अजब सिंह के पत्नी और एक लड़की है। छोटा-सा परिवार। पत्नी का नाम है सुधा और लड़की का अर्चना।

सतवीर को चौकीदारी का काम दिया गया। उसे दूर कोने में एक कोठरी दे दी गई। कोठरी में ऊपर टीन पड़ा है। एक दरवाज़ा है जिसमें कुण्डी नहीं है। कुण्डी की आवश्यकता भी नहीं है। सामान है ही क्या जो चोरी का भय हो। अतः सतवीर को भी कोई चिन्ता नहीं है। कोठरी में कोई खिड़की भी नहीं है। उसकी भी कोई आवश्यकता नहीं है। गर्मी लगे तो दरवाज़ा ही खोल लो....। चौधरी साहब ने एक-दो बार कहा भी,

"सतवीर इसमें खिड़की लगवा दूँगा। थोड़ा रुक जाओ बस।"

सतवीर का एक ही उत्तर होता,

"नहीं साहब इसकी कोई आवश्यकता ही नहीं है।"

सतवीर को जिसकी आवश्यकता है उसी की प्रतीक्षा में सतवीर गुज़र कर रहा है। पर न जाने कब तक इन्तज़ार करना होगा?

चौधरी अजब सिंह के घर पर भी बहुत कड़े नियम हैं। उनके चबूतरे पर चढ़ना सतवीर के लिए वर्जित है। वह हरिजन है न! उसका चाय का गिलास व सकोरा अलग है। खाने के लिए थाली व कटोरी अलग है। पर इतना क्या कम है कि खाना घर से अजब सिंह भिजवाते हैं। दाल या एक सब्ज़ी और रोटी।

अर्चना या चौधरन भोजन देने आती हैं। चबूतरे पर खड़े-खड़े ही इस प्रकार भोजन देना होता है कि किसी भी प्रकार सतवीर से कोई हिस्सा भी छू न जाए। यहाँ तक कि दाल डालते समय या चाय को देते समय यह ध्यान रखना आवश्यक है कि कहीं दाल या चाय के माध्यम से भी "करेन्ट" न आ जाए।

सतवीर की गाँववाली घुटन वैसी-की-वैसी है। शायद थोड़ी अधिक ही महसूस होने लगी है। उपेक्षा के साथ ग्लानि तो जुड़ती ही है। गाँव में तो कुछ समभाव की अपेक्षा ही नहीं थी, पर शहर तो वह इसी विचार से आया था कि शहर में तो साथ रहेंगे। उसे पता होता कि शहर में भी ऐसा ही होगा तो वह अपने माता-पिता, भाई-बहिन व दोस्तों के मना करने पर भी वह उन्हें छोड़कर नहीं आता। साथ रहने का अर्थ तो कुछ और ही समझ बैठा था।

कई बार वापस गाँव जाने की इच्छा की पर साहस नहीं हुआ। "क्या मुँह लेकर जाऊँगा अब गाँव?" यही विचार उसे सताते हैं। घुटते रहने के सिवा चारा भी क्या है?

एक दिन जब्बार हुसैन नाम के व्यक्ति आलू के बीज लेने के

लिए चौधरी साहब के घर आ गए। चौधरी साहब तो घर पर थे नहीं, अतः उनकी प्रतीक्षा में उन्हें चौधरी साहब के घर के चबूतरे पर रखे मूढ़े पर बैठा दिया गया। एक प्याला चाय ला दी गई जिससे उनका समय आसानी से कटता रहे। इतने में ही चौधरी साहब की लड़की अर्चना आई और उसने आवाज़ लगाई

"सतवीर....... ओ सतवीर!"

"जी बिटिया जी। आया।" सतवीर ने जवाब दिया।

अर्चना ने फिर कहा, "अपने बर्तन ले आओ और खाना ले लो।"

सतवीर अपने बर्तन लेकर आ गया और थाली कटोरी सामने कर दी। अर्चना ने पहले दाल डाली। दाल इतने ऊपर से तथा इस तरह डाली कि आधी कटोरी में गई तो आधी थाली में गिरी। फिर ऊपर से ही रोटी छोड़ दी। एक रोटी ज़मीन पर गिर गई। सतवीर ने रोटी उठाई और चुपचाप थाली में रखकर अपने कमरे में चला गया। देखता क्या है कि थोड़ी ही देर में जब्बार मियाँ उसके पीछे-पीछे कोठरी में आ पहुँचे। वे बोले "भाई सतवीर हमें तो बड़ा दुख हुआ।"

सतवीर ने आश्चर्यचकित होकर पूछा, "काहे का दुख हुआ आपको?"

जब्बार बोले, "इस तरह खाना दिया जाता है क्या? ठीक से थाली लगाकर नहीं भेज सकती थीं?"

सतवीर ने पूरे संतोष के साथ कहा, "आप दुखी न हों, यह तो हमारे यहाँ की परम्परा है।"

"यह कैसी परम्परा भाई जान?" जब्बार बोले।

भाई जब्बार के शब्द सुनकर सतवीर को न जाने क्यों कुछ अपनापन-सा मिला? जैसे प्यासे को एक बूँद पानी! वह भी अब थोड़ा अपनेपन के साथ बोला,

"हम हरिजन हैं न भाई साहब, तो छुआछूत होती ही है। ये लोग ऊँची जाति वाले हैं।"

जब्बार भाई बोल पड़े,

"छीः छीः, ये क्या ग़ैर इन्सानियत की बात है। हमारे हुजूर ने तो कहा है, कि अल्लाह ने सबको एक-सा बनाया है, फिर छुआछूत क्यों?"

सतवीर बोला, "पर हमारे यहाँ तो मानते हैं।"

"तो क्यों पड़े हो यहाँ? हमारे मज़हब में तो सब एक हैं। उठना-बैठना, खाना-पीना, शादी-ब्याह, सब साथ। वैसे भी कोई कमी नहीं। आओ और मौज करो... बाहर जाना चाहो तो बाहर हो आओ और बताऊँ...।"

और भी बहुत कुछ बताया जब्बार भाई ने। फिर अन्त में सतवीर से बोले, "अगर आना चाहो तो मेरी फ़ैक्ट्री भी है। वहीं आ जाना नौकरी भी दे दूँगा।"

अभी बातें चल ही रही थीं कि चौधरी साहब आ गए तथा जब्बार भाई उनसे बात करने चले गए।

जब्बार भाई तो अपना काम करके चले गए पर सतवीर की आत्मा झकझोर गए। वह पढ़ा लिखा तो था नहीं। उसे भला क्या पता था कि हिन्दू धर्म में जाति-पाति का चक्कर स्वार्थी लोगों ने चलाया था। काश! उसे भी पढ़ने दिया होता कि वेदों ने मनुष्य को केवल कार्य के आधार पर वर्गीकरण की छूट दी थी। वेद तो वास्तव में

एकता, भाई-चारे व समानता का उपदेश देते हैं। वह बेपढ़ा लिखा तो केवल यह जानता था कि ऊँच-नींच, छुआछूत, जाति-बिरादरी तो हिन्दू धर्म का अविभाज्य अंग है। उसने देखा व बरता भी यही था। उसे कभी तो ईश्वर पर क्रोध आता था और कभी समाज पर। गाँव में जवानी की गर्मी में उसने विद्रोह की सोची भी थी पर माँ बाप ने समझाया कि, "बेटे यह हमारे पिछले जन्मों के कर्मों का फल है।"

सतवीर कोई और राह न देखकर मन मसोसकर यही सत्य मान बैठा था कि इस जीवन में तो दुत्कार ही झेलनी होगी। बाहर निकलने का कोई रास्ता नहीं है।

परन्तु जब उसे जब्बार भाई मिले तो उसे रोशनी की किरण दिखाई दी। अब हर अत्याचार पर उसे जब्बार भाई के शब्द याद आते थे। उसका मन अशान्त रहने लगा। मन का द्वन्द्व धीरे-धीरे तीव्र हो गया। सतवीर अब परिहास का विषय बनकर जीना नहीं चाहता था। बहुत दिनों तक वह इसी द्वन्द्व भरे सागर में गोता लगाता रहा।

उसे यदि चिन्ता थी तो केवल अपने माता-पिता की। उनसे बिना पूछे कोई कदम उठाना उसे उचित नहीं लगता था। परन्तु उनसे पूछने पर जवाब भी वह जानता था।

वह जानता था कि पिताजी कभी तैयार नहीं होंगे और उनके मना करने के बाद सतवीर को मन मसोसकर रह जाना पड़ेगा। अतः उसने स्वयं ही निर्णय कर लिया।

धीरे-धीरे सतवीर ने नौकरी छोड़ने का अपना मन बना लिया।

सतवीर ने कुछ दिन बाद चौधरी अजब सिंह की नौकरी छोड़ दी तथा जब्बार भाई की फैक्ट्री में कार्य करने लगा। वह सतवीर से शब्बीर हो गया।

## (३)

शब्बीर अपनी कहानी सुना चुका था। अब शब्बीर चुप था। उसे प्रतीक्षा थी कि डाक्टर साहब कुछ कहें, कुछ पूछें या कुछ बताएँ। शब्बीर की बातें सुनते-सुनते डाक्टर साहब विचारों में खो चुके थे। वे पूर्णतः स्तब्ध थे। किसी प्रकार की कोई प्रतिक्रिया डाक्टर साहब की ओर से व्यक्त नहीं की गई। उनकी भाव भंगिमा तभी टूटी जब टेलीफोन की घंटी बजी। डाक्टर साहब ने फोन उठाया,

"हैलो।"

"हाँ, मैं बोल रहा हूँ।"

"कल दोपहर एक बजे ले आइएगा।"

टेलीफोन खट से रखा। एक गहरी साँस ली। थोड़ा सीधे होते हुए डाक्टर राधेश्याम बोले -

"अब तो खुश हो न?"

शब्बीर सिर झुकाए चुपचाप बैठा रहा।

डाक्टर साहब ने फिर टोका "क्यों शब्बीर अब तो तुम्हें अपनी चाह मिल गई न, सुकून मिल गया न।"

शब्बीर ने बड़ी गम्भीरता से उत्तर दिया "यही तो दुख है कि सब कुछ खोकर भी कुछ न पा सका।"

"क्यों अब क्या रहा? तुम्हें समता मिली और वही तुम्हारी चाह थी।" डाक्टर साहब बोले।

"जी हाँ इसमें तो शक नहीं कि समता के नाम पर पहले से कुछ अधिक मिल गया। पर......।"

"पर क्या.....?" डाक्टर साहब ने पूछा।

“पर सुकून नहीं मिला। शान्ति नहीं मिली।” शब्बीर बोला।

“सुकून न मिलने की वजह।” डाक्टर राधेश्याम ने उत्सुकता से पूछा।

“पुरानी बातें याद आती हैं डाक्टर साहब। कृष्ण की लीला, चौराहे की रामायण, दशहरे का रावण, दिवाली के पटाखे, राखी के डोरे, होली के रंग..”

डाक्टर साहब ने बीच ही में टोक कर कहा “परन्तु तुम्हारे मज़हब में तो यह सब नहीं है। अच्छा हो कि तुम जल्द-से-जल्द यह सब भूल जाओ और नई बातें समझो व अपनाओ।”

शब्बीर बोला “मैं यह सब भूल नहीं सकूँगा।”

डाक्टर साहब आगाह करते हुए बोले “तो फिर सुकून नहीं पा सकोगे। तुम्हें सतवीर रहकर शान्ति नहीं मिली और अब शब्बीर होकर सुकून नहीं मिला। मुझे यह सब सोचकर दुख होता है। तुम्हें सुकून चाहिए तो.... तो उसे अपने मन में ही तलाश करो।”

शब्बीर नम आँखों से नीचे देखते हुए बोला “दूर के ढोल सुहावने होते हैं। क्या आपने यह सुना है डाक्टर साहब?”

“सुना तो है।”

“आदमी कभी कुछ पाना चाहता है। और कुछ ऐसा पाना चाहता है जो उसकी किस्मत में लिखा ही न हो। ऐसे लोग जीवन में दुविधा ही पाते हैं, बस। आपका क्या विचार है डाक्टर साहब?”

“नहीं, मैं यह नहीं मानता।”

“क्यों? देखिए न। हमारी किस्मत में ही जब समता, समानता, मान, सम्मान, धन और वैभव नहीं लिखा तो कैसे मिल सकता है? हम चाहें हिन्दू रहें या मुसलमान या फिर कुछ और....”

"तुमने जल्दबाज़ी की शब्बीर। जल्दबाज़ी करने वाले को दुविधा भरा जीवन जीना पड़ता है।"

डा० राधेश्याम शब्बीर को कुछ समझाते हुए आगे बोले, "तुमने मृगतृष्णा का नाम सुना है शब्बीर। रेगिस्तान में मृग को दूर से देखने पर पानी दिखाई पड़ता है। जब प्यासा मृग पानी की तलाश में बिना विचारे वहाँ भागकर जाता है तो पानी कहीं और दिखाई पड़ता है। मृग प्यासा ही रह जाता है और उसे केवल दुविधा ही मिलती है। इसी प्रकार यदि कोई भी व्यक्ति बिना विचारे कोई कार्य करता है तो यह आवश्यक नहीं कि उसे सफलता मिले। मृग तो एक पशु है। वह तो विचार करने की सामर्थ्य ही नहीं रखता, परन्तु हम तुम तो इन्सान हैं। हमें प्रभु ने विचार करने की क्षमता रखने वाला मस्तिष्क दिया है। मैं समझ सकता हूँ, तुम्हारे जीवन में इस समय दुविधाओं का अम्बार है। पर इसके लिए दोषी कौन है? यदि एक ओर समाज है तो दूसरी ओर तुम्हारा दोष भी कम नहीं है।"

शब्बीर अपनी आँखें पोंछकर तथा अपने को संयमित करते हुए तथा थोड़ा हँसकर बोला –

"अपने दुविधा भरे जीवन की एक और घटना बताऊँ आपको?"

डाक्टर राधेश्याम ने उत्तर दिया "हाँ, हाँ क्यों नहीं, अवश्य बताओ।"

शब्बीर ने बताना आरम्भ किया "पिछले जुम्मे को मैं चौधरी साहब के घर गया। मुझे जब्बार भाई ने आलू का बीज खरीदने के चक्कर में भेजा था। मैं तो जाना ही नहीं चाहता था। सोचता था कि कहीं चौधरी साहब मुझे देखकर बिगड़ गए तो जब्बार भाई को बीज

भी न मिलेगा। एक बात तो सच है डाक्टर साहब....

"क्या?" राधेश्याम बोले।

"चौधरी साहब बीज बड़ी ईमानदारी से देते हैं, कोई धोखा नहीं, कोई लुका-छिपी नहीं।"

"हाँ, आदमी भले हैं।"

"दूर-दूर से लोग उनसे बीज लेने आते हैं। उनके बीज के लोग ४०-५० रु० अधिक भी दे जाते हैं। सब जानते हैं कि जो कहा है, सच ही होगा। कोई मिलावट नहीं।"

शब्बीर ने एक गहरी साँस ली और डाक्टर राधेश्याम की ओर देखकर आगे बोला- "आपका भी तो फ़ार्म होगा डाक्टर साहब?"

"नहीं भाई, हमारा कोई फ़ार्म नहीं है।"

"आप भी ले लो। सब बड़े-बड़े लोग अपना फ़ार्म बनाते हैं। आलू की खेती करवाओ। बड़ी बचत है डाक्टर साहब।"

"हमें तो डाक्टरी ही काफ़ी है।"

"हापुड़ में कई लोग तो आलू की खेती से ही लखपति बन गए।"

डाक्टर राधेश्याम आलू या फ़ार्म के बिल्कुल इच्छुक नहीं थे। वे शब्बीर को बीच में टोककर बोले-

"...तुम कोई घटना बता रहे थे और अटक गए आलू में। घटना बताओ क्या घटी?"

"हाँ जी! तो मैं बता रहा था कि मैं चौधरी साहब के घर गया। मैं बड़े डरते-डरते चौधरी साहब के घर पहुँचा। मन में बड़ी कँपकँपी थी। फिर भी अपने को क़ाबू में करके आगे बढ़ा। हिम्मत बटोरकर उनके चबूतरे के पास तक पहुँच गया।

# (४)

"चौधरी साहब, चौधरी साहब......."

अन्दर से आवाज़ आई "अरे कौन है भाई? आ रहा हूँ। ज़रा रुको तो।" और चौधरी साहब घर से बाहर निकले। चौधरी साहब ने देखा एक व्यक्ति खड़ा है। मूँछें तो हैं नहीं पर दाढ़ी रखी हुई है। समझ गए कि कोई मियाँ भाई हैं। बोले -

"कहो क्या बात है मौलाना?"

"चौधरी साहब आदाब। मुझे जब्बार भाई ने भेजा है। आलू के बीज की बाबत बात करनी है।"

"आदाब अर्ज़ है भाई जान। ऊपर तो आइए। पहले तशरीफ़ रखिए, फिर बात भी करेंगे।"

शब्बीर को वह समय याद था जब वह सतवीर था। वह सोच रहा था "चाहे मैं शब्बीर हो गया पर आदमी तो मैं वही हूँ। चबूतरे पर कैसे चढ़ूँ?" सकुचाते हुए शब्बीर बोला।

"नहीं शुक्रिया जनाब, आप मुझे यहीं से बता दें कि फाउण्डेशन वाले बीज के क्या रेट हैं? चार सौ बोरी चाहिएँ।"

चौधरी साहब तौलिये से मुँह पोंछते हुए धीरे-धीरे शब्बीर की ओर बढ़ रहे थे। चबूतरे से उतरते-उतरते बोले -

"आपको फाउण्डेशन ही देंगे। चार सौ बोरी ही देंगे। रेट-वेट भी हो जाएगा, आप ऊपर तो आइए। दूर से कहीं बातें होती हैं।"

जैसे-जैसे चौधरी साहब उसकी ओर आ रहे थे शब्बीर के दिल की धड़कनें बढ़ रही थीं। उसे विश्वास था कि जैसे ही वे जानेंगे कि मौलाना और कोई नहीं सतवीर है तो भड़क उठेंगे। क्या होगा तब?

वह चाहता था कि चौधरी साहब को समय से चेता दे। अतः घिघियाई-सी आवाज़ में बोला-

"आ...आप मुझे पहचाने नहीं चौधरी साहब। मैं... मैं... मैं.. वही सत...सतवीर हूँ। ऊपर आने की जुर्रत कैसे..."

शब्बीर की बात बीच में काटते हुए चौधरी साहब हँसकर बोले "अरे खूब पहचानता हूँ तुम्हें। तुम मुझसे नहीं मिले तो क्या मुझे मालूम नहीं? और फिर दाढ़ी बढ़ाओ या मूँछ, तुम्हारी शक्ल क्या कभी भूल सकता हूँ?" यह कहते-कहते चौधरी साहब ने शब्बीर का हाथ पकड़ लिया। शब्बीर तो बिल्कुल सहम गया। मानो एक-एक बूँद खून सूख गया हो। वह एकदम पीला पड़ गया। शायद बेहोश ही हो जाता पर उससे पहले ही चौधरी साहब ने उसे चबूतरे की ओर ले जाने का प्रयत्न करते हुए कहा -

"आइए आइए जनाब शब्बीर अहमद, ऊपर आइए। ठीक नाम बोला न मैंने?"

ऊपर चबूतरे पर ले जाकर चौधरी अजब सिंह ने शब्बीर को मूढ़े पर बैठा दिया और अपनी बेटी को आवाज़ लगाई,

"अरे सुनती है अर्चना! ज़रा दो प्याले चाय तो ला। देख मौलाना आए हैं। जब्बार भाई ने भेजा है।"

यह जानते हुए कि आगन्तुक वही सतवीर था जिसके चबूतरे पर चढ़ने मात्र से सबके अपवित्र हो जाने का भय रहता था, चौधरी साहब उसे हाथों से पकड़कर ऊपर ले गए। यह चौधरी साहब का हृदय परिवर्तन था कि सौदा पटाने के लिए एक नाटक और या फिर धर्म-परिवर्तन से सतवीर में व्याप्त अपवित्रता नामक गम्भीर संक्रामक रोग के कीटाणु नष्ट हो गए थे?

इतने में अर्चना दो प्यालों में चाय ले आई। एक शब्बीर ने लिया तथा एक चौधरी साहब ने।

"लो शब्बीर मियाँ चाय लो।" चौधरी साहब बोले।

शब्बीर ने बड़े सकुचाते-सकुचाते चौधरी साहब के बार-बार आग्रह करने पर प्याला हाथ में लिया। चौधरी साहब आगे बोले "अब बताइए क्या चाहिए आपको?"

शब्बीर विचार-सागर में गोते लगा रहा था, भला क्या जवाब देता। वह दिल-ही-दिल में कह रहा था, जिसके लिए अब तक भटकता रहा, तरसता रहा वह उसे मिल गया अब और क्या चाहिये? इस मूढ़े पर बैठने की और इनके साथ बैठकर चाय पीने की बात की तो वह कब से प्रतीक्षा कर रहा था। वह आलू के बीज की बात पूरी तरह से भूल गया था।

वह सोच रहा था कि चौधरी साहब में इतना परिवर्तन आ गया। उसे याद आ रहा था कि जब वह सतवीर के रूप में डाक्टर राधेश्याम से मिला था तथा उसने अपनी व्यथा उन्हें बताई थी तो उन्होंने कहा था कि ज़माना बदलेगा और बदल भी रहा है। इस नियामत को पाने के लिए ही तो वह सतवीर से शब्बीर बना था। उसे पता होता कि चौधरी साहब के घर ही उसे यह सब मिल जाएगा तो वह धर्म-परिवर्तन क्यों करता? उसे अपनी भूल पर पछतावा हो रहा था। उसने मन-ही-मन निर्णय लिया कि वह चाय पीकर चौधरी साहब के पैर पकड़ लेगा और उनसे क्षमा माँगकर प्रार्थना करेगा कि उसे किसी मन्दिर में ले जाकर पुनः सतवीर बना दें।

शब्बीर को विचार-सागर के बाहर अर्चना की तेज़ आवाज़ ने निकाला।

"राजू, ओ राजू! लो खाना ले लो।"

राजू उसी चौकीदार वाली कोठरी से अपनी थाली व कटोरी लेकर निकला तथा चबूतरे के नीचे ही खड़ा हो गया। अर्चना ने पहले ही की भाँति रोटी व दाल राजू की थाली में डाल दी। वही पुरानी स्थिति देखकर शब्बीर को अपने पुराने दिन याद आ गए, भ्रम समाप्त हो गया तथा इस आघात से वह चाय पीते-पीते चौंक गया। चौधरी साहब बोले "अरे! चौंको मत, यह वही राजू है।"

फिर शब्बीर को समझाते हुए बोले "अरे पहचाना नहीं। वही राम विलास का बेटा ही तो है। अपने गाँव वाले राम विलास जाटव का। याद आया।"

अब तक शब्बीर राजू को भी पहचान चुका था और चौधरी साहब को भी। कितना बड़ा छल! वह सोच रहा था कि सतवीर व शब्बीर में क्या अन्तर था? वही हड्डी वही खाल, वही माता, वही पिता, फिर भी चौधरी ने सतवीर को इतनी धिक्कार और शब्बीर को इतना सम्मान क्यों दिया? वह यह नहीं समझा था कि अगर वह हिन्दू रहकर अछूत था तो मुसलमान बनकर बराबर कैसे हो गया? वह इतना अवश्य जान चुका था कि सतवीर एक असहाय निर्धन था तथा शब्बीर एक ग्राहक, जो माल खरीदने आया था। शब्बीर यह निर्णय नहीं कर पा रहा था कि इसे चौधरी का ढोंग व छल कहे या व्यावसायिक चतुरता। शब्बीर बोला "जी हाँ चौधरी साहब। सब याद आ गया। मैं तो सचमुच सब भूल ही गया था।" शब्बीर की आवाज़ में अतिशयोक्ति थी।

शब्बीर आलू के बीज की बात पूरी करके चला गया। उसके

मन में पुनः सतवीर बनने के विचार जैसे आए थे वैसे ही चले भी गए। शब्बीर सतवीर न बन सका। शब्बीर ही रह गया।

## (५)

डा० राधेश्याम शान्त बैठे थे। विचारों में उलझे। उनके मन में राम और शबरी की कहानियाँ, युधिष्ठिर और यक्ष-संवाद दौड़ रहा था, महात्मा बुद्ध की मूर्ति आँखों के समक्ष नाच रही थी।

वे सोच रहे थे वेदवाणी -

**सं गच्छध्वं सं वदध्वं सं वो मनांसि जानताम्।**
**देवा भागं यथा पूर्वे संजानानः उपासते।।**

ऋ०अ० ८/अ० ८/व० ४६/मं० २

यानी, हे मनुष्यों, तुम साथ-साथ मिलकर चलो, तुम्हारी भाषा एक हो, तुम्हारा ज्ञान एकसा हो। एक साथ धर्म और ऐश्वर्य का सेवन करो।

असली हिन्दू धर्म-व्यवस्था क्या है? जाति-वर्ण से ग्रसित आज की व्यवस्था क्या हिन्दू धर्म व्यवस्था है? यदि नहीं है तो फिर इसकी इतनी मान्यता क्यों है?

शब्बीर की तरह वे भी सोच रहे थे कि यदि एक व्यक्ति हिन्दू रहकर नीच व अछूत है तो क्या वही व्यक्ति धर्म-परिवर्तन करके ऊँचा या बराबर का हो सकता है? उन्हें आदि शंकराचार्य और एक चाण्डाल की कहानी याद आ रही थी। एक बार जब आदि शंकराचार्य काशी में गंगा में स्नान करके आ रहे थे तो एक चाण्डाल उनके सामने आ गया। आदि शंकराचार्य ने रास्ते के दूसरी ओर चलना चाहा तो वह फिर उनके सामने आ गया। बार-बार ऐसा हो ही रहा

था कि आदि शंकराचार्य के शिष्य उस चाण्डाल पर बरस पड़े। शंकराचार्य को चुप देखकर चाण्डाल ने पूछा, "क्यों महात्मन्! मुझे अछूत क्यों मानते हो? मुझमें व तुममे अन्तर कहाँ हैं? तुम तो अद्वैतवाद का प्रचार करते घूम रहे हो। तुम तो कहते हो कि यह आत्मा, शरीर व सब कुछ तो ईश्वर का स्वरूप है। फिर दो इन्सानों में ऊँच-नीच छुआछूत क्यों?"

चाण्डाल की ज्ञान भरी बातें सुन शंकराचार्य ने उसे अपना गुरु ही मान लिया था और उसके बाद तो ऊँच-नीच, छुआछूत का घोर विरोध किया।

हम आज उसी शंकराचार्य के रास्ते पर चलने वाले लोग उसके दिए संदेश का पालन क्यों नहीं कर रहे हैं?

डाक्टर राधेश्याम अजब सिंह की मूर्खता पर स्वयं लज्जित हो रहे थे।

सहसा डाक्टर साहब का ध्यान गया कि उन्हें दवा भी लिखनी है। उन्होंने चुपचाप शब्बीर के पर्चे पर दवा लिखी।

"देखो शब्बीर, यह दवा ५ दिन खानी है। चाय, तम्बाकू, शराब सिगरेट मत पीना। खटाई मिर्च का भी परहेज़ है। ठीक हो जाओगे। इंशा अल्लाह।" यह कहकर डाक्टर साहब खड़े हो गए और क्लीनिक के दरवाज़े की ओर चलने लगे।

शब्बीर भी खड़ा हुआ और पीछे-पीछे चलने लगा। दरवाजे पर पहुँचकर डाक्टर साहब और शब्बीर रुके। शब्बीर बाहर निकलते हुए बोला,

"आपका बड़ा वक्त लिया आज।"

"अरे कोई बात नहीं। तुमसे बात करके अच्छा लगा। अच्छा शब्बीर भाई ख़ुदा हाफ़िज़।" शब्बीर की आँखें डाक्टर साहब की आँखों में जैसे समा गई थीं। दोनों एक दूसरे की तरफ देख रहे थे।

शब्बीर ने डाक्टर साहब के ख़ुदा हाफ़िज़ के जवाब में कहा "डाक्टर साहब राम-राम।"

देखते-देखते डाक्टर साहब ने शब्बीर को गले से लगा लिया। दोनों की आँखें गीली हो चुकी थीं। डाक्टर साहब मन में महसूस कर रहे थे कि धर्म बदलने के बाद भी आज उसका मन पुराना ही है। वह नहीं बदला। उन्हें अहसास हो रहा था कि शब्बीर की तरह कितने ही लोग इस झूठी स्वार्थपूर्ण जाति-व्यवस्था से परेशान होकर धर्म बदल चुके हैं। उन्हें यह भी आभास हो रहा था कि इन लोगों को धर्म बदलकर भी अभी संतोष व सम्मान नहीं मिला है; और यदि इन्हें बराबरी, सम्मान व प्यार मिले तो ये फिर अपने पुराने घर लौट सकते हैं। पर कैसे हो सकेगा यह सब इस स्वार्थी समाज में? अपने को सँभालते हुए डाक्टर साहब शब्बीर से बोले -

"अच्छा ५ दिन बाद आना।"

और जल्दी से ज़ीने पर चढ़ गए। घर की ओर.........

●●●

# रेशम में लिपटा कैक्टस

चारों ओर वनों से घिरा एक विकसित नगर चतरपुर है।

प्रत्येक विकसित नगरों की भांति यहाँ भी नगर के दो भाग हैं। पुराने भाग में घनी आबादी। कुछ चौड़ी व कुछ सँकरी गलियाँ।

बाकी नगरों के मुकाबले यहाँ की विशेषता यहाँ के नगर वन हैं। नगर के विषाक्त वातावरण में कुछ शुद्धिकरण के लिए पर्यावरण सुरक्षा का अभियान चलाया गया था। नगर के जिलाधिकारी श्री जयशंकर एक कर्मठ दूरदर्शी व्यक्ति थे। उन्होंने ही जगह-जगह वृक्षारोपण करवाया था। उन्होंने पर्यावरण निदेशक विक्टर शर्मा के साथ मिलकर नगर के चारों तरफ भी वनों को लगवाया। इन दोनों के आह्वान पर विभिन्न सामाजिक संस्थाओं ने महीने भर में ही उन्हें लगा दिया था। आज ये वृक्ष बड़े होकर नगर के पर्यावरण की सुरक्षा कर रहे थे। नगर की आबादी होगी कोई पाँच या छः लाख। पुराने भाग के समीप ही, परन्तु नई चौड़ी सड़क वाले नगर के भाग में एक बड़ा अस्पताल है, जहाँ डाक्टर राधेश्याम अपने मरीज़ रखते हैं और आपरेशन करते हैं। दोपहर का खाना खाकर कुछ अध्ययन करके ४ से ६ तक आपरेशन करते हैं। ६ बजे के बाद आप बाकी डाक्टरों की तरह क्लीनिक पंर नहीं बैठते। कुछ समाज सेवा करते हैं। सामाजिक विषयों पर चर्चा करते हैं। अस्पताल वाले डाक्टर साहब की बड़ी

आवभगत करते हैं। अस्पताल वालों ने एक पूरा कक्ष ही आपको निःशुल्क दे रखा है।

शाम के ७ बज गए हैं। डाक्टर साहब अपने कक्ष में विचारमग्न बैठे हैं। बड़ी गम्भीर मुद्रा में हैं। रोज़ाना की चमक चेहरे पर नहीं है। उनके मित्र बृजभूषण गुप्ता कमरे में प्रवेश करते हैं।

"अरे! किन विचारों में डूबे हो डा० राधेश्याम? क्या फिर कोई बहुत बड़ा आपरेशन कर डाला या मरीज़ सीरियस हो गया है?"

"आइए बृजभूषण जी बैठिए। क्या लेंगे बताइए? चाय या कॉफी।"

"अभी हम पूरी तरह बैठे नहीं कि चाय-कॉफी की पूछताछ शुरु कर दी। क्या हमें जल्दी भगाना है? वैसे कोई आपरेशन करना हो तो जल्दी ही चले जाएँगे भाई, वरना तो आज समय काटने आए थे।"

"नहीं-नहीं ऐसी कोई बात नहीं है। मैंने तो वैसे ही पूछा है। एक बार अभी ले लो फिर थोड़ी देर बाद दोबारा ले लेना।"

"हाँ, हाँ क्या हर्ज है। कौन तुम्हारी जेब से ख़र्च हो रहा है। तुम्हारे मेहमानों की आवभगत के खर्चे भी तो अस्पताल वाले ही करते हैं। ख़ूब मँगाओ; पहले कॉफी और बाद में एपिल जूस।" बृजभूषण जी हँसकर बोले।

"यह तो अस्पताल वाले अपनी इच्छा से करते हैं। मैं तो सदा खुद ही पैसे देने की पेशकश करता हूँ पर वे मानते ही नहीं। मेरी बड़ी कद्र करते हैं। देखो न, यह कमरा ही दे डाला है।"

"सभी डाक्टरों को देते होंगे।"

"इज़्ज़त व ध्यान तो सभी का रखते हैं पर......"

बीच ही में टोक कर बृजभूषण बोल उठे,

"अरे ठीक भी तो है। तुमने भी तो इस अस्पताल के बनवाने में इनकी पूरी मदद की थी अब ये करें तो यह इनका फर्ज़ है।"

"फर्ज़ नहीं, इनका बड़प्पन है" डाक्टर साहब बोले। आगे बृजभूषण कोई लतीफ़ा युक्त बात करते इससे पहले ही डाक्टर साहब विषय बदलते हुए बोले "बृज भाई एक बात दोपहर से मन में घूम रही है। बड़ी उलझन में दिमाग़ फँस गया है।"

"यार मैं आया नहीं कि लगे बोर करने। मुझे मालूम है कोई ऊल-जलूल बात ही होगी। किसी पिक्चर के हीरो-हीरोइन की बात हो तो कहो" बृजभूषण ने मुँह बिचकाकर कहा-

"तुम्हारा सुनने का मन नहीं हो तो रहने दो......." अभी डाक्टर राधेश्याम बात पूरी भी नहीं कह पाए थे कि बृजभूषण ने टोक कर कहा-

"रहने कैसे दूँ। जो भी सुनाओगे सुनूँगा। नहीं सुनूँगा तो जानता हूँ कि झट कह दोगे, एक गम्भीर मरीज़ आ गया है फिर मिलेंगे...... और मेरी कॉफी भी जाएगी।"

डाक्टर साहब मुस्कराकर बोले "नहीं ऐसा नहीं होगा।"

बृजभूषण ने पुनः लतीफ़ेयुक्त बात सुनाई "मैंने तो देखा है तुम चाय-कॉफी कुछ भी पिलाते हो तो टैक्स साथ-के-साथ वसूल लेते हो। अच्छा ख़ैर सुनाओ, क्या बात घूम रही है तुम्हारे काम्प्लीकेटेड दिमाग़ में?"

"आज दोपहर शब्बीर नाम का एक मरीज़ आया। उसने कुछ ऐसी बातें कहीं कि मन से धुंध का पर्दा हट गया।"

"अरे साफ़-साफ़ कहो न, पहेलियाँ क्यों बुझाते हो यार।" बृजभूषण ने कुर्सी आगे खिसकाते हुए कहा।

डाक्टर साहब ने दोपहर के हादसे को पूरा-का-पूरा बयान कर डाला। शब्बीर और सतवीर की बातें, चौधरी अजब सिंह और उससे सम्बन्धित धर्म व समाज की व्यथा भी कह डाली। कहते-कहते डाक्टर साहब बड़े गम्भीर हो गए थे। आवाज़ का पतलापन भी भारी हो चला था। वे आगे बोले-

"बृज हमें हिन्दू धर्म से जाति-व्यवस्था को समाप्त करना ही होगा। इस जाति-व्यवस्था के कारण कितने हिन्दुओं ने धर्म बदल लिए हैं।"

बृजभूषण ने तुरन्त प्रश्न किया, "कितनों ने बदल लिए हैं?"

"देखो। कहते हैं कि केवल ३०० मुसलमान भारत आए थे। आज इनकी संख्या करोड़ों में हो गई है। ये कैसे हो गई? हमीं में से तो धर्मान्तरण हुए हैं।"

"ठीक है, हुए हैं। पर जाति-पाति का चक्कर इसमें कहाँ से आ गया?"

"अगर हमने अपने छोटे भाइयों पर अत्याचार न किए होते तो इन्हें धर्म-परिवर्तन की आवश्यकता ही क्यों पड़ती?"

बृजभूषण ज़ोर से हँसे और बोले "तुम डाक्टर, रहोगे कूप मण्डूक ही। अरे कभी महेशरे, रांगड़ नाम सुना है?"

"हाँ सुना है।"

"महेशरे त्यागी मुसलमान है और रांगड़ राजपूत मुसलमान। इन त्यागियों व राजपूतों पर भी क्या बड़ी जातियों ने अत्याचार किए थे या ये अपनी मर्जी से मुसलमान बने हैं?"

“तो क्या इस्लाम के दर्शन से प्रभावित होकर बने हैं?”

“मैंने ये कब कहा? ये सब लालच से बने हैं। कुछ को पैसा मिला है, कुछ को पद व सत्ता। हो सकता है कि कुछ इस्लाम के दर्शन से भी प्रभावित हुए हों।”

“ख़ैर छोड़ो, धर्मान्तरण की बात। इससे फ़र्क ही क्या पड़ता है कि कोई हिन्दू हो या मुसलमान। जब तक भारत को अपना देश मानता है भारतीय है। पर सोचने की बात यह तो है ही न कि हमारी उच्च्व कही जाने वाली जातियों ने हरिजनों व वाल्मीकियों पर बहुत अत्याचार किए हैं और आज भी कर रहे हैं। क्या यह अमानवीय नहीं है?”

“तुम तो बहक गए हो। एक सिरफिरे ने उल्टी-सीधी बातें बोल दीं और तुमने सच मान लीं। पहले होती थीं ये बातें, अब नहीं।”

“उस सिरफिरे को मोटा पैसा मिल गया होगा। सब खेल पैसे व लालच का है। वह मुकेश भी तो रोबर्ट बन गया।”

“कौन मुकेश?”

“वही डा० अरविन्द का वार्ड ब्वॉय। क्यों? उन्होंने तुम्हें नहीं बताया?”

“नहीं। मगर क्यों?”

“क्यों? किसी पादरी ने कह दिया कि विदेश भिजवा देंगे, एक लड़की से शादी करवा दी और चर्च में नौकरी दे दी। अब है वो मुकेश रोबर्ट, समझे! इसे भी मिल गया होगा लालच।”

“हो सकता है पादरी ने मुकेश को लालच दिया हो। पर यहाँ बात यह नहीं है।” डा० राधेश्याम ने गम्भीर वाणी में कहा।

"मस्त रहो यार। बात यही होगी।" बृज ने बड़ी निश्चिन्तता से उत्तर दिया।

डाक्टर साहब थोड़ा सावधान होते हुए बोले, "यही एक बात होती तो शायद सोच लेता; पर यहाँ तो रोज़ कुछ-न-कुछ सुनने को मिल जाता है। तुम्हें मालूम है सुराई गाँव से पहले तो सभी हिन्दुओं से चन्दा लिया गया और मन्दिर बनवाया गया। जब मन्दिर बन गया तो ऊँची जाति के बड़े बूढ़ों ने कह दिया कि हरिजन व वाल्मीकि नहीं घुसेंगे यहाँ। जब हरिजनों ने कहा कि हमने भी पैसे दिए हैं तो उनके पैसे वापिस कर दिए।"

बृज भूषण तपाक से बोल उठे - "यह भी बकवास है। किसी मन्दिर में कोई रोक-टोक नहीं होती अब।"

इससे पहले कि डा० राधेश्याम कोई बात कहते बृजभूषण मेज पर थोड़ा आगे को झुकते हुए बोले "कभी काशी, मथुरा, अयोध्या, तिरुपति गए हो?"

"मथुरा और अयोध्या तो गया हूँ। काशी व तिरुपति तो नहीं गया।"

"ख़ैर मथुरा व काशी ही लो। वहाँ जाकर तुमने क्या किया? रिश्तेदारियों में ही घूमते रहे या किसी मन्दिर-वन्दिर में भी गए?" बृज ने बड़े कटाक्ष के अन्दाज़ में पूछा।

"मन्दिर भी गया .......।"

बृज ने बीच में ही टोकते हुए पूछा "तो वहाँ किसी ने तुम्हारी जाति पूछी? तुमने किसी भी व्यक्ति को किसी की जाति पूछते हुए सुना, देखा?"

"नहीं।"

"फिर?"

"वहाँ मैने कुछ और देखा।"

"वह भी बताओ।"

"वहाँ मैंने देखा कि प्रसाद बाँटते समय पण्डित जी के मन में निष्पक्षता का भाव नहीं था।"

"वो कैसे?"

"जो व्यक्ति अधिक दान दे रहा था उसे पण्डित जी अधिक प्रसाद देते थे और जो कम दान दे रहा था उसे कम। तिरुपति के बारे में तो मैंने और भी बहुत कुछ सुना है; ...... देखा तो नहीं है...।"

"क्या सुना है?"

"सुना है कि वहाँ तो दर्शन के लिए रुपयों की पर्चियाँ कटती हैं। अधिक पैसा देने वाले को जल्दी दर्शन होते हैं व कम पैसा देने वाले को देर से।"

"तो इसमें गलत ही क्या है? कहीं भी जाओ अधिक पैसा खर्च करके अधिक सुविधा मिलती ही है।"

"यह तो ठीक है। समय अब ऐसा ही है और फिर यह तो व्यवसाय का नियम ही है।"

"तो फिर क्यों......?"

डा० राधेश्याम ने बात को काटते हुए कहा, "यह व्यवसाय का ही तो नियम है। मन्दिर भी क्या व्यावसायिक केन्द्र हैं? क्या ईश्वर की मूर्ति के दर्शन कराना भी व्यवसाय बन गया? प्रसाद भी बिकने लगा क्या........?"

बृज भूषण के पास कोई तर्क डा० राधेश्याम की बात को काटने का नहीं था। अतः बात को घुमाते हुए बोले -

"तुम तो विषय से ही बहक गए। बात हो रही थी कि मन्दिर में प्रवेश सबके लिए खुला है कि नहीं।"

"उसे ही लो। मैं मानता हूँ कि इन बड़े-बड़े धार्मिक नगरों में व बड़े मन्दिरों में प्रवेश पर रोक नहीं है। लेकिन इन मन्दिरों में लोग दिन प्रतिदिन तो नहीं जाते। दिन प्रतिदिन तो छोटे मन्दिरों यानी गली मौहल्ले व गाँव के मन्दिरों में ही लोग जाते हैं। वहाँ की स्थिति पर चर्चा करो न।"

"वहाँ की भी कर लो।"

"वहाँ तो रोक-टोक है क्योंकि सभी एक दूसरे को व उसकी जाति को जानते हैं।"

कमल ने दो पर्ची डाक्टर साहब के सामने रख दीं। एक पर लिखा था कॉफी तथा दूसरी पर मौहम्मद शाकिर। पर्ची बृज भूषण ने भी पढ़ी।

कमल अस्पताल का वार्ड ब्वॉय था और डाक्टर साहब की अगवानी में रहता था। डाक्टर साहब कमल से बोले "भेज दो। शाकिर भाई को अन्दर भेज दो और कॉफी भी ले आओ। देखो तीन प्यालों में लाना।"

कमल बाहर चला गया।

"चलो फिर बात करेंगे, अब शाकिर भाई आ गए हैं।" बृज ने सोचा अब तो डाक्टर इस विषय पर बात नहीं करेंगे। बात छूटी तो जान छूटी।

"अरे भाई ऐसी क्या बात है जो हमारे सामने नहीं हो सकती। क्या कोई खज़ाने-वज़ाने की बात चल रही है।" मौ० शाकिर ने अन्दर घुसते हुए बृज भूषण की बात सुन ली थी।

"आइये शाकिर भाई बैठिए। ऐसी कोई बात नहीं है जो आपके सामने न हो।" डाक्टर साहब आगे बोले "असल में हम जाति-व्यवस्था की बातें कर रहे थे। कितना ग़लत है यह जाति-भेद।"

"भाई ये जानो आप लोग। हमारे मज़हब में तो यह है ही नहीं। क्यों डाक्टर साहब आपका क्या विचार है?" शाकिर भाई गौरव के साथ डाक्टर साहब की तरफ देखकर बोले।

"शाकिर भाई, ऐसी बात तो नहीं है। माना मज़हबे इस्लाम में सबको बराबर कहा गया है परन्तु हिन्दुस्तान में मुस्लिम कम और मुनाफ़िक ज़्यादा हैं। थोड़ी कम है, पर जाति-व्यवस्था तो आप में भी है। देखिए आप सय्यद हैं। क्या कोई सय्यद धोबी या नाइयों में रिश्ता कर लेगा?" डाक्टर साहब ने तीर छोड़ा।

"तौबा करो मियाँ। धोबी या नाइयों में तो क्या हम तो ख़ानों में भी न करें रिश्ता।" शाकिर भाई थोड़ा गम्भीर स्वर में बोले।

"तो फिर अब बताइए।" डाक्टर साहब की प्रश्न भरी निगाहें शाकिर मियाँ की तरफ रुक गईं।

"रिश्ता ही सब कुछ नहीं होता। हम एक साथ बैठते हैं, नमाज़ अदा करते हैं, ईद मिलते हैं, रोज़ा और ज़कात करते हैं, दुख-दर्द में एक दूसरे को पूरा सहारा देते हैं। शादी-ब्याह में खाने साथ होते हैं। ये सब बातें हैं। बताइए, हैं कि नहीं?" शाकिर भाई ने बड़े इत्मीनान से कहा।

डाक्टर साहब ने अपनी बात साफ़ करने का प्रयत्न किया "हाँ, यह तो ठीक है पर मौहम्मद मुस्तफा सल्लल्लाहु अलैहि वसल्लम के पैग़ाम को पूरा तो नहीं माना। हमें तो आपसे कुछ कहने का हक़ ही नहीं है। हमारे समाज में तो खाना-पीना और पूजा भी साथ नहीं होते। हम आपसे बहुत पीछे हैं। आप लोग मस्जिद में नमाज़ तो साथ पढ़ लेते हैं। हम तो मन्दिरों में भजन-कीर्तन भी साथ नहीं कर पाते।"

बृज भूषण अब तक चुप बैठे थे। कहते भी क्या। उन्हें इस्लाम का ज्ञान तो था नहीं। बीच में बोलने का मौका भी नहीं था। पर अब वे मौका नहीं चूकना चाहते थे। शाकिर भाई कुछ बोलना ही चाहते थे कि बृज भूषण एक दम बोल पड़े -

"फिर वही उल्टी बात। क्या हो गया है यार डाक्टर तुम्हें? अरे यह सब पुरानी बातें हैं; मन्दिरों में अब कोई रोक-टोक नहीं है।"

"मैं नहीं मानता" डाक्टर साहब ने कहा।

"तुम मानो या न मानो पर बताओ कॉफी कहाँ है? आधा घंटा हो गया तुम्हारी कॉफी ही नहीं आई। फ्री में सारे बातें सुननी पड़ रही हैं। कहाँ हम कॉफी और ऐपिल जूस के चक्कर में थे......।"

इतने में कमल ट्रे पर तीन प्याले कॉफी लेकर कमरे में घुस आया। उसे देखते ही डाक्टर राधेश्याम ने बृजभूषण से कहा -

"लो आ गई तुम्हारी कॉफी। पहले ही टोक देते तो पहले आ गई होती।"

गम्भीर वातावरण में थोड़ा आनन्द का मिश्रण हो गया। कमल अब सबके सामने कॉफी रख रहा था। कमल को कॉफी लाने में देर तो हुई ही थी, अतः डाक्टर साहब ने कमल से प्यारयुक्त मृदुवाणी में पूछा,

"बड़ी देर लगा दी यार। क्या आसाम से लाए हो?"

कमल ने पूर्ण आत्मविश्वास के साथ कहा, "सर पहले दो कॉफी लाया था। अब दोबारा तीन बनवा कर ला रहा हूँ?"

डाक्टर साहब हँसे "पहली कहाँ गईं? कर दीं साफ़।"

कमल व डाक्टर साहब की निगाहें एक हुईं। दोनों मुस्कराए। कमल ने तुरन्त आँखें नीची कर लीं और मुस्कराहट छुपाते हुए जल्दी-जल्दी कॉफी रखने लगा। सोचता था कि चोरी पकड़ी गई। डाँट पड़े, इससे पहले भाग लो। जल्दी से कॉफी रखकर वह खिसक लिया।

"लीजिए, कॉफी पीजिए" डाक्टर साहब ने दोनों मेहमानों की तरफ देखकर कहा।

एक सिप लेकर बृजभूषण बोले, "मेरे घर के पास एक मन्दिर है। उसकी कमैटी के चेयरमैन मेरे रिश्तेदार हैं। बड़े उदारवादी हैं। यूँ तो बनिये हैं। पैसे वाले हैं। पर विचार देखो किसी क्रान्तिकारी जैसे। उनके मन्दिर में कोई रोक-टोक नहीं है। मेरी तो उनसे कितनी ही बार बातें होती हैं....."

डाक्टर साहब ने बीच ही में चुटकी ली "अच्छा कॉफी भी तो पीते रहो ठण्डी हो जाएगी।"

एक दो सिप और लेकर बृज भूषण बोले, "रोज़ रात को ८ बजे कमैटी के लोग मन्दिर में बैठते हैं और चर्चा करते हैं। सोचता हूँ तुम्हें आज उनसे मिलवा ही दूँ और दूर कर दूँ तुम्हारा भ्रम।"

डाक्टर साहब ने कहा, "चलो हम उनसे मिलने को तैयार हैं। अगर ऐसा है तो बड़ी अच्छी बात है।"

"कॉफी पी लो तो चलें," बृज भूषण बोले।

"ठीक है।"

मौका पाते ही शाकिर मियाँ बोल पड़े, "जनाब डाक्टर साहब आप फिर चले जाएँगे। मैं तो एक काम से आया था।"

"हाँ-हाँ कहिए। आपका काम करके ही जाएँगे।"

"आपके इलाज में ख़ातून नाम की एक मरीज़ा है। ज़नाने वार्ड में ६ नं० पर। आपने उसका आपरेशन किया है। बेचारी बेसहारा है माँग-ताँगकर गुज़ारा करती है।"

"हाँ, मुझे याद है कल ही तो किया है उसका आपरेशन। पेट की टी०बी० थी। पर उसकी हालत तो गम्भीर है।" डाक्टर साहब ने कहा।

शाकिर भाई बोले "ये आप देखो। उस पर तो दवा के पैसे भी नहीं हैं। अल्लाह के नाम पर फ्री इलाज करना है।"

"अच्छा, दवा तो लाया करे वो। उसके पास तो कोई आदमी भी नहीं रहता। एक बेचारी बूढ़ी माँ ही रहती है।"

डाक्टर साहब की बात को काटते हुए शाकिर भाई बोले "कोई हो तो आए न। उसके आदमी ने इसे मय बच्चों के छोड़ दिया और दूसरी के साथ रहने लगा। बच्चे भी अल्लाह ने पूरे ग्यारह दिए हैं। दो लड़के हैं, एक दस साल का दूसरा आठ साल का और बाकी लड़कियाँ हैं। एक वो बुढ़िया अम्मी है उसकी। उसका आदमी भी ज़िन्दा है पर अपनी और दो बीवियों के साथ ऐश कर रहा है। बेचारी क्या करे? कौन है उसका?"

डाक्टर साहब एक बार फिर सोच में डूबे थे। उन्हें बेचारी ख़ातून पर बड़ी दया आ रही थी।

मुसलमान यूँ तो अपने को बड़ा समतावादी कहते हैं। यहाँ क्यों

खो गई इनकी समता? कुरान-ए-पाक की 'सूरा अन निसा' में साफ लिखा है कि आदमी चार तक बीवी रख सकता है। इसके पीछे औरतों को समाज में मारे-मारे फिरने से बचाने का उद्देश्य है और फिर एक से अधिक बीवी रखने पर सबको बराबरी का हक़ और सुरक्षा देना आदमी का फ़र्ज़ है। ग्यारह बच्चे पैदा करवा दिए और समाज में मारे-मारे फिरने को छोड़ दिया। कहाँ गया उनका हक़ और उनकी सुरक्षा? इल्ज़ाम केवल हिन्दुओं पर लगता है कि वे अपनी औरतों को दहेज़ के लिए प्रताड़ित करते हैं, पर मुसलमानों के घरों में तो....,

डा० राधेश्याम ने शाकिर मियाँ की ओर देखते हुए कहा "जार्ज बर्नार्डशा का नाम सुना है क्या आपने?"

"आप ही से सुन रहा हूँ पहली बार।"

"एक बहुत बड़े दार्शनिक हुए हैं।"

बृजभूषण बीच में टोककर बोले, "और उनकी अपेण्डिक्स का आपरेशन डा० राधेश्याम ने किया ......"

बात पूरी भी न हुई थी कि सभी लोग ठहाका लगाकर हँस पड़े।

डा० राधेश्याम ने हँसी रोकते हुए कहा "हाँ, सो तो है। पर इस समय मैं आपरेशन का ज़िक्र नहीं कर रहा था।"

"फिर क्या ज़िक्र कर रहे थे" शाकिर बोले।

"मुझे एक दृष्टांत ध्यान आ गया। कहो तो सुनाऊँ।"

बृज ने मुस्कराते हुए कहा "सुनाये बिना तो तुम रहोगे नहीं। फिर पूछते ही क्यों हो? सुना ही दो।"

"एक बार बहुत से विद्वान और मौलवी जार्ज बर्नार्डशा के पास पहुँचे और उनसे पूछने लगे कि आप तो बड़े भारी दार्शनिक हैं...."

बृज ने फिर टोका "क्या बहुत मोटे थे बर्नार्डशॉ?"

"तुम बृज! इतनी गम्भीर बात का तो मलीदा ही निकाल देते हो। अरे भारी से मतलब यहाँ मोटा नहीं विद्वत्ता से है।"

"अच्छा कहो फिर ......."

मैं कह रहा था कि अनेक मौलवी बर्नार्डशॉ के पास पहुँचे और पूछने लगे कि बताइए संसार में सबसे अच्छा धर्म कौन सा है? बर्नार्डशॉ ने कहा इस्लाम। मौलवी लोग बड़े प्रसन्न हुए और कहने लगे कि तो आप मुसलमान क्यों नहीं बन जाते? बर्नार्डशॉ ने कहा कि मैंने यह कब कहा कि मुसलमान सबसे अच्छा होता है?

मौलवी लोग सकते में थे कि बर्नार्डशॉ आख़िर कह क्या रहे हैं? वे बोले कि "अभी तो आपने कहा था........।"

बर्नार्डशॉ ने अपनी बात को दोहराया "देखो, मैंने कहा था कि इस्लाम सबसे अच्छा है। चूँकि इस्लाम को मानने वाले यानी मुसलमान इस्लाम का स्वयं ही पालन नहीं करते तो मैं भला ऐसे लोगों में शामिल क्यों हो जाऊँ?"

शाकिर ने डाक्टर साहब को टोकते हुए कहा "काफ़ी हद तक यह बात ठीक है। पर इस समय आपने यह बात किस सिलसिले में कही?"

"देखो, क़लामे पाक क्या अय्याशी के लिए कई शादियों की इज़ाज़त देता है?"

"क़तई नहीं।"

"फिर ऐसा क्यों हो रहा है बताओ? सवाल एक ख़ातून का नहीं है। ये तो ख़ुशकिस्मती है कि इनके ख़ैर ख़्वाह आप तो हैं पर..."

"मैं भी क्या करूँ। सौ रु. दे दिए हैं, आपसे सिफ़ारिश कर दी।

इससे ज़्यादा कर भी क्या सकता हूँ। एक की हो तो करूँ। यहाँ तो कई घरों में यही कहानी है। अच्छा मैं चलता हूँ, आपको भी जाना है।" शाकिर मियाँ ख़ुदाहाफ़िज़ करके चले गए।

डाक्टर साहब चुपचाप बैठे सोच ही रहे थे कि शाकिर मियाँ पर कोई जवाब नहीं बन पड़ा तो झटपट खिसक लिए। बृज भूषण ने उनकी विचारों की शृंखला तोड़ते हुए कहा-

"अब कोई और काम है या चलें मन्दिर।"

"चलो चलें।" डाक्टर साहब उठकर बृज भूषण के साथ चल दिए।

## (२)

शहर की घनी आबादी में एक चौड़ी गली के अन्तिम छोर पर एक भव्य मन्दिर। मन्दिर के आसपास रहने के मकान हैं। मन्दिर का एक हिस्सा तो पुराना है पर एक हिस्सा नया बना है। मन्दिर के बाहर से ही अनेक देवी-देवताओं की मूर्तियाँ दिखाई दे रही हैं। इन मूर्तियों को देखकर यह लगता है कि यह मन्दिर किसी एक देवी या देवता का नहीं है, वरन एक लोकतान्त्रिक मन्दिर है। सभी देवी-देवताओं को समान अवसर दिए गए हैं कि वे अपने-अपने भक्तों को रिझा सकें।

मन्दिर पर पहुँचकर बृज भूषण ने अपना स्कूटर खड़ा किया और डाक्टर साहब भी थोड़ी दूरी पर गाड़ी खड़ी करके उतर आए।

"आप एक मिनट रुकें। मैं ज़रा देख लूँ मीटिंग हो रही है या ख़त्म हो गई।" कहकर बृजभूषण अन्दर मीटिंग हाल की ओर चले गए और डाक्टर साहब अन्दर प्रवेश कर पूजास्थल की ओर चले गए।

सामने शिवलिंग था और चारों तरफ कई सुन्दर स्थानों पर मूर्तियाँ लगी थीं।

"लक्ष्मी, गणेश, कृष्ण, राम........।"

कितनी भव्य मूर्तियाँ हैं? ऐसा लगता है कि सोने की हैं। कितना पैसा लगा होगा इन मूर्तियों को बनाने में? डाक्टर साहब सोच रहे थे कि मूर्ति-पूजा क्या हिन्दू धर्म का अविभाज्य हिस्सा है? वेद तो कहते हैं कि "न तस्य प्रतिमा अस्ति" यानि ईश्वर का कोई आकार या मूर्ति नहीं होती है। फिर मूर्ति-पूजा क्यों होती है? हिन्दू धर्म तो वेदों पर आधारित है। विचार उलझने लगे। "मूर्ति-पूजा तो न जाने कब से होती है? धर्म-संगत न होती तो इतने मन्दिर क्यों होते? इतना तो अवश्य है कि हिन्दू-धर्म में मूर्ति-पूजा अनिवार्य तो नहीं हैं। देखो, मैं ही मूर्ति-पूजा नहीं करता फिर भी हूँ तो हिन्दू। इतना भी सच है कि मूर्ति-पूजा हमें कुछ हद तक कमज़ोर बनाती है।"

डाक्टर साहब के मन में विचारों का तूफान उठ रहा था। पहले समय में जब धर्म समाज में अधिक प्रतिष्ठापित था तो यज्ञ होते थे। कोई मूर्ति या इस प्रकार के मन्दिर नहीं थे। धार्मिक व्यक्तियों की आध्यात्मिक शक्ति अतुलनीय थी। उन्हें याद आ रहा था कि जब राजा विश्वामित्र अपनी पूरी सेना लेकर वशिष्ठ के आश्रम गए व उन्होंने भरपूर शक्ति से भीषण युद्ध किया और फिर भी एक गाय को नहीं ला पाए। उनका मुक़ाबला मात्र एक महर्षि से था। महर्षि वशिष्ठ न तो मूर्तिपूजा करते थे और न ही मन्दिर जाते थे। फिर भी उनमें असीम आध्यात्मिक शक्ति थी। विश्वामित्र महर्षि वशिष्ठ से पराजित होकर लौट गए।

और इधर महमूद गज़नवी ने सोमनाथ का मन्दिर अट्ठारह बार लूटा। काशी का विश्वनाथ मन्दिर लूटा गया। सैंकड़ों मन्दिर लुटे। अनेकों ऋषि, मुनि, पण्डित, धर्माचार्य देखते रह गए। किसी पर कोई शक्ति नहीं थी। मूर्तियाँ स्वयं लुटती-पिटती रहीं, विखंडित होती रहीं। सभी शक्तिहीन...."

कन्धे पर हाथ रखते हुए बृज भूषण ने कहा, "बताओ, तुम यहाँ खड़े हो। मैं तुम्हें बाहर खोजता फिर रहा था। तुम तो मूर्तिपूजा के विरोधी हो फिर यहाँ क्या कर रहे हो? मूर्ति के सामने नतमस्तक हो रहे हो क्या?"

"नहीं, मैं किसी का विरोधी क्यों होता? यह मेरी विचारधारा है कि केवल 'ओऽम्' शब्द में ही ईश्वर का स्मरण हो जाता है तो फिर इतना पैसा इन मूर्तियों में लगाकर क्यों रखा जाए। इनसे कितने ही स्कूल, अस्पताल बन सकते हैं। कभी सोचो कि हमारे गाँवों में शिक्षा व स्वास्थ्य सुविधाओं का कितना अभाव है। जब देश की सन्तान पढ़ेगी ही नही तो देश का विकास कैसे होगा?"

"स्कूल, अस्पताल बनवाना सरकार का काम है।"

"..... और हमारा काम केवल अपने पैसे को मूर्तियों में लगा कर ठप्प कर देना है?"

"ये धार्मिक प्रतिष्ठान भी समाज व देश के उत्थान के लिए आवश्यक हैं। इनके बिना तो समाज का नैतिक पतन हो जाता है।"

"सो तो ठीक है पर मूर्तियों की ..."

"मूर्ति तो प्रतीक मात्र है। मूर्ति को सामने पाकर यदि साधक अपना चित्त एकाग्र करने में सुविधा का अनुभव करता है तो इसमें हानि क्या है? तुम तो नाहक ही मूर्तियों का विरोध करते हो।"

"नहीं बृज भाई मैं भला किसी का विरोध क्यों करने लगा? मैं तो एक दर्शन की बात कर रहा था।"

"मैंने तो अध्ययन के उपरान्त यह समझा है कि मूर्तिपूजा हमारे धर्म का हिस्सा ही नहीं थी। मूर्तिपूजा का प्रचलन तो बौद्ध व जैन मतों के फैलाव के बाद ही हुआ। कहते हैं कि जब वैदिक धर्मियों ने देखा कि उनके मुक़ाबले जैन व बौद्ध मतों का फैलाव तीव्रता से हो रहा है तो उनहोंने भी विष्णु, शिव, ब्रह्मा आदि की मूर्तियों की रचना कर डाली। अपनी मूर्तियों को जैन तीर्थंकरों व गौतम बुध्द की मूर्ति से अधिक आकर्षक बनाने की भी चेष्टा रही। जहाँ एक ओर जैन व बौद्ध मूर्तियाँ नग्न या बिल्कुल सादे लिबास में बन रहीं थीं तो वहीं वैदिक धर्मियों की मूर्तियाँ पूरी तरह सजी व गहनों से लदी हुई बनाई जाने लगीं। इस तरह यह स्पष्ट हो जाता है कि मूर्ति पूजा हिन्दू धर्म का हिस्सा तो थी ही नहीं, वरन बाद में लाई गई।"

बृजभूषण बोले "बहुत हो गई दर्शन की बातें। अच्छा आओ वे लोग तुम्हारा इन्तज़ार कर रहे हैं।"

दोनों ने मन्दिर का आँगन पार कर मीटिंग हॉल में प्रवेश किया। डाक्टर साहब को सम्मान देने के लिए सभी अपने स्थान पर खड़े हो गए और डाक्टर साहब का स्वागत किया।

चेयरमैन श्री गुलज़ारी लाल जी बोले "आइए, आपका नाम तो बहुत सुना था आज दर्शन भी हो गए। नमस्कार। यहाँ बैठिए। अरे अरे, वहाँ नहीं, यहाँ कुर्सी पर बैठिए।"

एक मज़बूत तथा अच्छे किस्म की लकड़ी से बनी काफ़ी बड़ी मेज़ के एक ओर गुलज़ारी लाल बैठे थे। सबके अभिवादन का उत्तर देकर डाक्टर साहब उन्हीं के पास कुर्सी पर बैठ गए।

बृजभूषण बोले, "पहले मैं आप सबका परिचय करवा दूँ। ये हैं यहाँ के चेयरमैन श्री गुलज़ारी लाल मित्तल, ये मन्त्री श्री बरवारी जी। शर्मा जी यहाँ के कोषाध्यक्ष हैं। आप कृष्ण बहादुर वशिष्ठ यहाँ के पण्डित जी हैं। और ये हैं हमारे डाक्टर राधेश्याम जिनके बारे में मैं आप सबको बता ही चुका हूँ। डाक्टर साहब को शंका है कि मन्दिरों में आज भी हरिजनों व वाल्मीकियों का प्रवेश वर्जित है।"

गुलज़ारी लाल जी जोर से हँस पड़े "लगता है डाक्टर साहब ने कोई सौ, पचास साल पुराना नाविल पढ़ लिया होगा।"

बाकी सभी सदस्य भी बड़ी-बड़ी मुस्कान लिए बैठे थे। मन्त्री जी बोले, "ज़माना कब का बदल चुका साहब। अब ऐसा कुछ नहीं होता। सबके लिए हमारे मन्दिरों के दरवाज़े खुले हैं।"

बृजभूषण जी, शर्मा जी को रोकते हुए बोले "ज़रा आप पहले इनकी भी तो सुन लें। डाक्टर साहब बड़े समाजसेवी व्यक्ति हैं। बड़े ज्ञानी हैं, संवेदनशील हैं। थोड़े भावुक तो हैं पर इनकी बात कभी-कभी बड़ी गहरी होती है।" डाक्टर साहब की ओर मुँह करके बृजभूषण जी बोले "हाँ, आप क्या कहना चाहते हैं? डाक्टर साहब, कहिए।"

"भाई लोगो! मेरी बात का बुरा न मानो। यह तो अच्छी बात है कि यहाँ कोई भेदभाव नहीं है पर मेरा तजुर्बा तो यह है कि सब जगह ऐसा नहीं है। ऊपर से हम कुछ कहते हैं पर सच्चाई कुछ और ही होती है।"

पण्डित जी अपने चेले श्याम को आवाज़ देकर बोले "अरे श्याम, प्रसाद तो लाओ, सबके लिए लाना।" फिर डाक्टर साहब की ओर देखकर बोले "क्षमा कीजिएगा। मैंने बीच में व्यवधान डाल दिया। हाँ, कहिए।"

"मैं कह रहा था कि ईश्वर ने जब सबको एक-सा बनाया है; और ईश्वर भी एक, तो किसी को रोक-टोक क्यों हो? अपने घर जाकर, नहा-धोकर यदि कोई भी आए तो क्या बुराई है?" डाक्टर साहब ने बात पूरी की।

"बिल्कुल ठीक। हमने तो इसलिए कोई प्रतिबन्ध ही नहीं लगा रखा। क्यों पण्डित जी?" शर्मा जी तपाक से बोले,

पण्डित जी ने भी हामी भरी "जी हाँ महोदय, आप ठीक कहते हैं।"

चेयरमैन गुलज़ारी लाल ने भावपूर्ण मुद्रा में कहा- "मैं तो डाक्टर साहब से बड़ा प्रभावित हूँ भाई। अगर सभी डाक्टर इनके जैसे हो जाएँ तो यह देश स्वर्ग बन जाए।"

शर्मा जी ने कहा डाक्टर होकर ऐसी सामाजिक चुभन। वाह भाई वाह! आपने तो कमाल कर दिया डाक्टर साहब। कैसे समय मिल जाता है आपको, इन बातों के सोचने का?"

डाक्टर साहब बड़ा अटपटा-सा महसूस कर रहे थे। अपने मुँह पर अपनी तारीफ़ सुनना उन्हें अच्छा नहीं लगा। तारीफ़ भरे शब्दों में नाटकीयता का भी आभास डाक्टर साहब कर रहे थे।

आगे बात को बदलते हुए डाक्टर साहब बोले-

"मैं एक प्रोग्राम रखना चाहता हूँ। मन्दिर में ही हो तो अच्छा रहेगा।"

"वाह! क्या खूब रहेगा।" बृजभूषण जी बोले।

चेयरमैन साहब क्यों चूकते "अजी इस मन्दिर में ही क्यों मेरे तो चार मन्दिर और हैं। चारों में रखेंगे प्रोग्राम तो।"

मन्त्री जी ने भी मौके का लाभ उठाना चाहा "डाक्टर साहब मैं तो सोच रहा हूँ कि आपके प्रोग्राम पाँच, छः मौहल्लों में भी करवाऊँ। मैं सभासद का चुनाव भी लड़ने वाला हूँ, बड़ा अच्छा माहौल बन जाएगा।"

पण्डित जी भी बड़े प्रभावित थे; अतः सबकी बातों का समर्थन करते हुए बोले,

"आप अच्छा बोल लेते हैं डाक्टर साहब।"

चेयरमैन साहब ने पूछा, "कब का रखेंगे प्रोग्राम?"

"अगले इतवार की सुबह का रख लें।" डाक्टर साहब ने प्रस्ताव किया।

चेयरमैन साहब स्वीकृति देते हुए बोले, "ठीक है, क्यों शर्मा जी?"

शर्मा जी ने कुछ शंकित मुद्रा में कहा - "सो तो ठीक है, पर पहले प्रोग्राम का स्वरूप तो बताइए।"

"स्वरूप क्या बराबरी का, भाई-चारे का संदेश ही तो देना है।" मन्त्री जी बोले।

"फिर भी कुछ स्वरूप तो बताएँ" शर्मा जी ने डाक्टर साहब की तरफ़ देखकर कहा।

डाक्टर साहब भाव विभोर थे। सोच रहे थे बृजभूषण ही ठीक था। कितना बदल गया है समाज। देखो कितने उत्साह से सभी को गले लगाने के लिए ये सब आतुर हैं। जाति-व्यवस्था तो अब जर्जर होकर टूट चुकी है। इक्की-दुक्की घटनाएँ मुझे पता चल जाती हैं और मैं व्यथित हो उठता हूँ। अपने को अल्पबुद्धि, भावुक और न जाने क्या-क्या सोच रहे थे। बड़ी प्रसन्नता से बोले-

"पहले भजन कीर्तन होंगे, फिर पण्डित जी सभा को सम्बोधित करके एकता व समता की धर्म संगत बातें बताएँगे, झूठी जाति-व्यवस्था की पोल खोलेंगे, बताएँगे कि हिन्दू धर्म में जाति-व्यवस्था का कोई स्थान नहीं है; अतः इसका पूर्ण मर्दन करना है। फिर सभी गले मिलेंगे और प्रसाद बँटेगा। अन्त में पण्डित जी सभी को नियमित रूप से मन्दिर में आते रहने का निमन्त्रण देंगे।"

बृजभूषण उछल पड़े, "वाह! क्या बढ़िया प्रोग्राम है। तुम्हें तो यार प्लानिंग कमीशन का चेयरमैन होना चाहिए था।"

डाक्टर साहब आगे बोले "इसमें हम घर-घर जाकर सभी वाल्मीकि व हरिजन भाइयों को आमन्त्रित करेंगे और यह निश्चित करेंगे कि बड़ी संख्या में वे यहाँ.....।"

चेयरमैन साहब भड़क उठे। बीच ही में खड़े होकर डाक्टर साहब की बात को काट दिया, "बस-बस बहुत हो गया। यह सब बातें कहने सुनने की अच्छी होती हैं। खोखला आदर्शवाद है ये। उन्हें जाकर बुलाने की क्या आवश्यकता है भला। आना होगा तो ख़ुद ही आ जाएँगे। उन्हें कोई मनाही है?"

डाक्टर साहब बोले "भाई साहब अभी उनके मस्तिष्क में तो पुराने भेदभाव की बातें भरी हुई हैं। वे सोचते हैं कि अब भी उनका मन्दिरों में प्रवेश वर्जित है। जब तक हम उन्हें बुलाएँगे नहीं, वे कैसे आएँगे? उन्हें क्या पता हमारे हृदय में उनका क्या स्थान है। हमें उन्हें गले लगाना होगा। उन्हें घर से निकालकर मन्दिरों में अपने साथ लाना होगा...."

बात काटते हुए शर्मा जी भी खड़े हो गए और बोले, "एक तो

वैसे ही हम चढ़ावे को परेशान हैं और ऊपर से दलितों को बुला लो तो जो पैसे वाले अब तक आते हैं, वे भी बन्द। आ लिया चढ़ावा।"

मन्त्री जी ने भी शंका व्यक्त की, "ये लोग तो कुछ देंगे नहीं। इन पर है भी क्या देने को? कुछ बनिये, कुछ ब्राह्मण आते हैं तो कुछ पैसा आ जाता है। इन दलितों के कारण कौन नाराज़ करेगा अपने पुराने ग्राहकों को?"

धीरे-धीरे अपनी बातें कहते तीनों चल दिए। पण्डित जी भी मौका देखकर खिसक लिए थे।

डाक्टर साहब व बृजभूषण एक दूसरे की ओर एकटक देख रहे थे। बृजभूषण सोच रहे थे...कि डाक्टर भी पगला गया है। अच्छा ख़ासा प्रोग्राम होता। दलितों को जबरन बुलाने की बात कहकर सब बिगाड़ दिया।

और डाक्टर साहब सोच रहे थे कि क्या वास्तव में आज समाज बदल गया है? या सब ढोंग है। क्या हमने धर्म के रेशमी दुशाले में पाखंडों के कैक्टस को नहीं लपेट रखा है? मन सबके वैसे ही गन्दे हैं। मन्दिर व्यवसाय हैं या ईश्वर की भक्ति के स्थान? यहाँ सब कुछ चढ़ावे व पैसे से तुलता है। मन्दिर व्यावसायिक प्रतिष्ठान है, उसका बोर्ड ऑफ डायरेक्टर्स उसकी प्रबन्ध समिति है, पण्डित जी मुख्य एजेन्ट हैं व आने वाले भक्त नहीं ग्राहक हैं। ये ग्राहक चन्द पैसे या चढ़ावा रिश्वत के रूप में देकर इन मूर्तियों से अपनी स्वार्थ-सिद्धि चाहते हैं। इन ग्राहकों की मूर्खता से मन्दिरों के व्यावसायी लाभान्वित हो रहे हैं।

बेचारा ईश्वर!

ईश्वर भी मूर्ख बन रहा है।

पर क्या ईश्वर को कोई मूर्ख बना सकता है?

नहीं, कदापि नहीं।

ईश्वर तो हमारी मूर्खताओं के कारण हमसे क्रुद्ध हैं। तभी तो हिन्दू धर्म का उद्धार नहीं कर रहे हैं। समाज प्रतिदिन गर्त में गिर रहा है।

डाक्टर साहब ने यह भी सोचा कि "शायद वाल्मीकियों व हरिजनों की अवहेलना इसलिए हो क्योंकि वे निर्धन हैं। तब तो पैसे वाले हरिजन की पूछ होनी चाहिए और निर्धन ब्राह्मण की अवहेलना। पैसे वाले हरिजन की पूछ की बात अलग, पर हाँ, यह तो सच है कि निर्धन ब्राह्मण की अवहेलना तो होती ही है। देखो शंकर को। वह तो ब्राह्मण है। ग़रीब है तो जगह-जगह से दुत्कारा जाता है। पिछली बार मिला था तो कितना रो रहा था।"

हर जगह शोषण है।

सवाल जाति का हो, धर्म का हो या कोई और। ताक़तवर निर्बल का शोषण कर रहा है। आर्थिक शोषण, सामाजिक शोषण, राजनैतिक शोषण...

डाक्टर साहब के विचारों को चीरते हुए सहसा बृज भूषण ने कटाक्ष भरे स्वर में कहा-

"अब चलोगे भी कि यहीं प्रोग्राम बनाते रहोगे?"

"हूँ......? हाँ चलो......।"

●●●

# ख़ून का रंग

"बत्ती बंद कर दूँ,"

"क्या बज गया?"

"पौने बारह बजे हैं।"

"थोड़ी देर रुक जाओ। एक अध्याय और पढ़ लूँ।"

"सुबह जल्दी उठते हो, अब सो जाओ, कल पढ़ लेना।"

"जल्दी कहाँ! पाँच बजे ही तो उठता हूँ।"

"पाँच बजे जल्दी नहीं है क्या? एक बजे सोना व पाँच बजे उठना। चार घंटे सोना बहुत है क्या?

"एक बजे क्यों? अभी पौने बारह बजे हैं। पंद्रह मिनट और पढ़ूँगा। बारह बजे सोकर पाँच बजे उठना कहो। और पाँच घंटे बहुत होते हैं।"

"काम करने और सोने के अतिरिक्त भी कुछ जानते हो? डा० रेखा ने चंचलता भरी आवाज़ में कहा और रूठते हुए दूसरी तरफ मुँह फ़ेरकर लेट गईं।

डा० राधेश्याम भी अपने दाम्पत्य जीवन के कर्तव्य निर्वाह से अपरिचित न थे। बात को समझते हुए उन्होंने रेखा को मनाने का प्रयास करते हुए उसके मुँह को अपनी ओर मोड़ते हुए कहा "हाँ, हाँ, और भी बहुत कुछ जानता हूँ।"

डा० रेखा अपनी हँसी न रोक सकीं। ज़ोर से हँसी और डा० राधेश्याम की ओर मुड़ते हुए कहने लगीं-

"बड़े समझदार हो! अच्छा दिखाओ क्या पढ़ रहे हो?"

"लो देखो क्या पढ़ रहा हूँ।"

रेखा ने किताब अपने हाथ में लेकर देखी। किताब का नाम था 'समाज को बदल डालो।' कुछ विचलित भाव से रेखा ने कहा-

"पढ़कर मन बहलाते रहो। तुम्हारे पढ़ने व करने से समाज बदलने वाला नहीं है। पढ़ना है तो वेद प्रकाश शर्मा के डिटेक्टिव पढ़ो।"

"अच्छा....आ....आ।"

"हाँ। हैं मेरे पास। दूँ?" रेखा ने भीनी-भीनी मुस्कान के साथ कहा। फिर बात बदलते हुए बोली,

"अच्छा एक बात पूछूँ"

"पूछो।"

"तुम तीन-चार दिन से कुछ अस्वस्थ हो क्या?"

"क्या तुम्हें ऐसा लगता है?" डाक्टर राधेश्याम ने पूछा,

"हाँ।"

"नहीं, ऐसा नहीं है।"

"बात तो कुछ है। पिछले तीन चार दिनों से तुम बड़े खोए-खोए रहते हो। बस किताब पढ़ना और क्लीनिक जाना रह गया है। तुम्हारी शाम की चर्चाएँ भी बन्द हैं। बताओ न," रेखा ने बड़े भावुकता के साथ डाक्टर साहब के बालों को अपने हाथों से सहलाते हुए पूछा।

रेखा डा० राधेश्याम की धर्मपत्नी हैं। राम मिलाई जोड़ी है। यूँ

तो स्वयं भी डाक्टर हैं, पर डाक्टरी से अधिक बच्चों व पति की सेवा में तत्पर रहती हैं। अस्पताल में केवल तीन घंटे ही प्रेक्टिस करने जाती हैं।

शब्बीर और मन्दिर वाली घटना को चार दिन बीत चुके हैं। तब से डाक्टर साहब घोर अध्ययन में लगे हैं। वेद-पुराण पढ़ डाले हैं। स्वामी दयानन्द का सत्यार्थ प्रकाश, राम मनोहर लोहिया के सिद्धान्त और न जाने क्या-क्या पढ़ डाला है। शायद कुछ भ्रमित हैं। अब पढ़ रहे हैं एक दार्शनिक की लिखी किताब 'समाज को बदल डालो।'

रेखा जी से बात करते हुए डा० राधेश्याम बोले "मैं सोच रहा था कि कितना स्वाँग है, आज की दुनिया में?"

"मैं समझी नहीं।"

"आदमी ऊपर से कुछ है, अन्दर से कुछ और। समाज में घूमते धर्म के अधिकतर ठेकेदार ही धर्म का सर्वाधिक उल्लंघन करते हैं, ऊपर से दिखने वाले अधिकतर महात्मा बड़े पापी और अत्याचारी हैं। सब जगह अन्याय है, शोषण है।"

"यह कौन नई बात बताई तुमने। वह तो हमेशा से ही है।"

"अभी कुछ दिन पहले के अख़बार में पढ़ा तुमने?"

"क्या?"

"एक पादरी नन्स के साथ व्यभिचार में लिप्त था। उन बेचारी लड़कियों के पास उनकी हवस का शिकार बनने के सिवा कोई रास्ता ही न था।"

"सब नन्स की मर्ज़ी से होता होगा।"

"नहीं। वे बेचारी क्या करतीं। फादर के विरुद्ध रिपोर्ट भी करतीं

तो किससे करतीं? बात तो तब खुली जब उसने चर्च में आने वाली अन्य लड़कियों के साथ भी यह काम शुरु कर दिया।"

"ये सब काम रज़ामन्दी से होते हैं।"

"नहीं भई। तुम समझती नहीं हो। अरे, पहले तो धर्मलाभ के बहाने उन्हें अलग बुलाया, फिर कुछ लालच, कुछ दबाव..."

"तो क्या पादरी इन्सान नहीं होते?...."

"होते हैं। उनकी भी शारीरिक आवश्यकताएँ होती हैं। पर ढोंग क्यों? पादरी बनकर ब्रह्मचर्य व्रत क्यों लेते हैं?"

"तुमने कभी काशी में पण्डों की हरकतें सुनी हैं।

"सुनी ही नहीं देखी भी हैं।"

"देखी भी हैं? अरे तुम कब गए काशी?"

"काशी नहीं गया। पिक्चर में देखी हैं। एक पिक्चर आई थी इसी विषय पर। क्या नाम था उसका ....... हाँ संघर्ष था उसका नाम या सम्भवतः कुछ और ......."

"हाँ आई तो थीं। नाम तो मुझे ध्यान नहीं। उसमें भी यही दिखाया था कि धर्म की आड़ में कैसे व्यभिचार होते हैं।"

"कुछ दिन पहले समाचार था कि इलाहाबाद में एक नागा साधु महिलाओं के साथ अश्लील व्यवहार करते पकड़ा गया।"

"सच? नागा साधु भी...."

"हाँ, हाँ, नागा साधु। दूसरा समाचार था कि हापुड़ में एक व्यक्ति भाँग व चरस के साथ पकड़ा गया। पूछताछ पर उसने बताया कि ये नशीले पदार्थ वह नेपाल से लाता है और हरिद्वार में साधुओं को बेचता है।"

"यह तो मैंने भी पढ़ा था।"

"ये जो गेरुए वस्त्र पहनकर साधु घूमते रहते हैं, इनमें अधिकांश ने तो पूरे धर्म को ही बदनाम कर दिया है। कहने को ये धर्माचार्य हैं पर सच्चाई में तो .....। इनमें वास्तविक धर्माचार्य तो बहुत कम हैं।"

चाहे कोई भी धर्म हो ये तथा कथित धर्माचार्य धर्म की आड़ में कितने अधर्म के काम करते हैं... व्यभिचार, नशा और भी न जाने क्या क्या।"

"तो तुम इन धर्माचार्यों को बदलोगे? इन्हें ब्रह्मचर्य का सही अर्थ बताओगे, इनके नशे की लत छुड़ाओगे?"

"अरे नहीं, मैं उन्हें ब्रह्मचर्य क्यों सिखाने लगा भला? मैं तो अपने समाज में फैली भ्रान्तियाँ दूर करने की बात सोचता हूँ।"

"कौन-कौन-सी भ्रान्तियाँ हैं हमारे समाज में?"

"हैं तो बहुत, पर मैं तो फिलहाल इस जातिगत भ्रान्ति पर विचार-मग्न हूँ।"

डा० राधेश्याम चुप होकर कुछ सोचने लगे। चुप्पी का वातावरण तोड़ते हुए उन्होंने कहा-

"तुम ओमप्रकाश को जानती हो न?"

"ओमप्रकाश ..... वो चुन्नु भय्या?"

"हाँ। सुनो उसकी। एक दिन उससे इसी विषय पर चर्चा चल रही थी। मैंने उसे अच्छी-बुरी सभी बातें समझाईं। बताया कि व्यक्ति-व्यक्ति में कोई अन्तर नहीं होता। सब कुछ मान गया। हाँ-हाँ करता रहा। पर अन्त में बोला-

"पर एक बात तो है डाक्टर! मैंने स्वयं देखा है कि आलू की

कचरी बनाने के लिए उन्हें हम धूप में सुखाएँ और अगर उन पर सफ़ाई-कर्मी की परछाई भी पड़ जाए तो वे सड़ जाती हैं।"

डा० रेखा हँस पड़ीं। डा० राधेश्याम गम्भीर मुद्रा में ही थे। बड़ी गम्भीरता से बोले,

"इन्हें बदलना होगा!"

"कौन बदलेगा इन्हें व इनकी मान्यताओं को?

"मुझे, तुम्हें, सभी ठीक सोच रखने वालों को आगे आना होगा।"

"मेरी मानो तो इन चक्करों में मत पड़ो। तुमने पहले ही अपनी प्रेक्टिस खराब कर ली है। दो साल पहले तुम्हें फुर्सत नहीं मिलती थी। पाँच से कम तो किसी भी दिन आपरेशन नहीं करते थे। और अब. ..."

"और अब.......?"

"अब क्या? मेरे विचार से तो दो का भी एवरेज नहीं होगा।"

डाक्टर साहब धैर्यपूर्वक बोले, "काम मुझ पर अब भी बहुत है। पिछले सालों में बस एक ही परिवर्तन आया है।"

"परिवर्तन तो आया है न।"

"हाँ, परिवर्तन तो आया है, पर जानती हो क्या?"

"तुम्हीं कहो।"

"स्वार्थी लोगों क़ा जमघट मेरे पास अब भूलकर भी नहीं आता।"

"पहले आता था?"

"हाँ आता था। शुरु-शुरु में तो लोग आए, पर जब उन्होंने देखा कि उनका स्वार्थ पूरा नहीं हो रहा तो आना बन्द कर दिया व मेरे

विरुद्ध रोगियों को गुमराह करने लगे। अब वे रोगियों को अपने अड्डों पर ले जाते हैं।"

"तुम भी ज़माने के साथ नहीं चलोगे तो नुकसान उठाओगे और उठा भी रहे हो।"

"नुकसान से अधिक मैंने पाया है।"

"क्या पाया तुमने?"

"आत्म-संतोष। संतोष-धन।"

"रेखा जी थोड़ा झुँझला रही थीं। पर पति से कठोर बात न कहना उन्हें सुहाता था। उन्होंने रामायण में सीता के त्याग को पढ़ा था। किस प्रकार सीता ने अपने पति राम के साथ सभी कष्ट सहे। उसी पति के दुत्कारे जाने पर भी वे जंगल में कष्ट भोगकर बच्चों की परवरिश करती रहीं, राम को कभी दोषी नहीं कहा। रेखा को डा० साहब से प्यार तो था ही पर सहानुभूति भी थी। उन्हें गर्व भी था कि उनका पति कितने उच्च विचारों का है? इन्सान की कमज़ोरी एक हद से अधिक दबाए नहीं दबती। कष्ट तो बस यह था कि उन्हें डा० राधेश्याम मन-पसन्द गहने नहीं ख़रीदने देते। ख़रीदने भी कहाँ से दें। कमाया धमाया ख़ाक नहीं, जो कमाया दान में लुटाया।

रेखा ने नाक भौंह सिकोड़ते हुए कहा-

"इस संतोष-धन से मुझे कुछ स्वर्ण-आभूषण बनवा दो न।"

डा० राधेश्याम बोले - "क्या करोगी स्वर्ण-आभूषणों का?"

"यह भी नहीं जानते आभूषणों का क्या करते हैं? पहनूँगी और क्या करती?" रेखा ने लजाते हुए कहा, "तुम तो नीरस हो। तुम्हें क्या पता सुन्दरता क्या होती है? शादी-ब्याह में या कहीं मिलने जाओ तो

अच्छा लगता है। लोग सराहते हैं, कहते हैं देखो, कितनी सुन्दर है!"

"क्या सराहते हैं; रूप, उसका सौन्दर्य या गहने?" डाक्टर साहब ने चुटकी ली।

"हाँ वह भी" रेखा ने बिगड़ते हुए कहा, "पर तुम्हें भी तो सराहना मिले, कि देखो डा० राधेश्याम की घरवाली है, क्या ख़ूब गहने हैं!"

"तो लिली ज्वैलरी ले लो। सस्ती-की-सस्ती, सुन्दर-की-सुन्दर।"

"तुम्हें अच्छा लगेगा तुम्हारी बीवी नकली गहने पहने।"

"हर्ज ही क्या है?"

"लोकलाज भी कोई शब्द होता है। पढ़ा है किसी किताब में? क्या कहेंगे लोग?"

"लोग तो उन्हें भी असली समझेंगे", डा० साहब बड़े धैर्यपूर्वक कह रहे थे।

"अच्छा....। सब मूर्ख हैं न।"

"हाँ" डाक्टर साहब थोड़ा उठकर बैठ गए और रेखा को समझाते हुए बोले -

"गहनो की सार्थकता व सच्चाई उसमें निहित स्वर्ण से नहीं होती वरन पहनने वाले से होती है।"

"वो कैसे?" रेखा ने विस्मय से पूछा,

"देखो तुम्हारी आया सुषमा, वही सुषमा, जो तुम्हारे सैन्टर पर है.....।"

"हाँ, हाँ, समझ गई। क्या हुआ उसे? कुछ हो गया तो मारी जाएगी, बड़ी निर्धन है। वेतन भी बहुत कम देते हैं उसे, सेंटर वाले। मैंने तो कई बार टोका भी है।"

"उसे कुछ नहीं हुआ। मैं कह रहा था कि वह भी तो शादी-ब्याह में जाती होगी न।"

"हाँ, यह तो समाज की आवश्यकताएँ हैं। क्यों नहीं जाती होगी। अवश्य ही जाती होगी। चाहे निर्धन हो या धनी सभी को जाना ही होता है।"

"अगर उसे असली हीरे जवाहरात व सोने के गहने पहनाकर भेजो तो लोग क्या समझेंगे? यही न कि सब नकली पहन आई है। इस निर्धन पर वरना क्या असली रखे हैं।"

"यह तो ठीक है।"

"तो फिर देखो। असली आभूषण धरा रह गया कीमत रह गई, बस बारह चौदह रुपया।"

"बात तो तुमने अक्लमन्दी की कही।"

"इसी प्रकार अगर तुम नकली बारह चौदह रुपये वाले चमकते हुए लिली ज्वैलरी के आभूषण पहनो तो सब कहेंगे 'वाह! क्या खूब गहने हैं, असली हीरे के हैं, आख़िर डाक्टर की बीवी है। क्यों न पहने असली हीरे और स्वर्ण के गहने।"

"धत्..... तो इसलिए बाँधी थी सुषमा की भूमिका।"

डाक्टर साहब भी जोर से हँस दिए। शायद पिछले चार दिनों में पहली बार खुलकर हँसे थे।

रेखा ने असंतोषजनक भाव से कहा "तुम नहीं बदलोगे। अब तो तुम्हें ऐसे ही झेलना पड़ेगा। अच्छा बहुत हो गया सो जाओ। साढ़े बारह बज रहे हैं।" किताब अभी रेखा के हाथ ही में थी। उसने किताब बन्द करके रख दी और बिजली बन्द करने के लिए उठ खड़ी हुई। तभी

टेलीफोन की घन्टी बज उठी। रेखा ने टेलीफोन का रिसीवर उठाया

"हैलो"

..............

"हाँ हैं,"

..............

"अभी देती हूँ, होल्ड कीजिए ......"

लो अस्पताल से कोई चौधरी साहब बात करना चाहते हैं। यह कहते हुए टेलीफोन डाक्टर साहब की ओर बढ़ा दिया।

"है...लो...."

..............

"हाँ कौन बात करना चाहते हैं?"

..............

"कौन? चौधरी अजब सिंह। इस समय। अच्छा बात कराओ।"

..............

"हाँ। नमस्कार चौधरी साहब। कहो ख़ैरियत तो है?"

..............

"अरे।"

..............

"अच्छा आता हूँ, तुरन्त ही आ रहा हूँ।" कहकर डाक्टर साहब उठ खड़े हुए और रिसीवर रख दिया।

"अस्पताल जाओगे अभी?" रेखा ने पूछा,

"हाँ वो चौधरी अजब सिंह की लड़की की तबियत ख़राब है।"

"सुबह देख लेते।"

"नहीं यार, कैसी बातें करती हो। कोई ख़ास ही बात होगी जो रात साढ़े बारह बजे फोन आया है। अभी देखना होगा।" कहते-कहते डाक्टर साहब तैयार होने लगे।

"अच्छा तो जाओ।"

"गेट की चाभी दे दो। आते में तुम्हें जगाना पड़ेगा।"

"नहीं, जगाना। मैं यूँ ही जागती रहूँगी, जब तक तुम नहीं आते।"

"अच्छा इतना त्याग......। तब तक क्या करोगी? बुनाई-शुनाई तो तुम्हारे बस की है नहीं।"

"पढ़ूँगीं यह....." रेखा ने कोई किताब उठाकर दिखाई? डाक्टर साहब ने उत्सुकतापूर्वक किताब को देखा। किताब थी "सुखी दाम्पत्य के सूत्र।"

डाक्टर साहब का वास्तविक प्रेम उमड़ पड़ा। बड़ी प्रेम भरी निगाहों से रेखा की तरफ़ देखा। देखते रहे..... रेखा ने शरमाते हुए टोका, "क्या देख रहे हो? जाना नहीं है क्या?" न चाहते हुए भी डाक्टर साहब चल पड़े, "हाँ जाना तो है।"

डाक्टर का बस कर्तव्य है; अपना सुख, प्रेम, स्वार्थ कुछ नहीं। सब जनता का है। दूसरे को सुख देने वाले डाक्टर अपने घर वालों को कितना दुख देते हैं। किसी अन्य पेशे का व्यक्ति होता तो इस प्रेमपूर्ण वातावरण को तिलांजलि देकर जाता? कह देता "सुबह बात करना यह कोई टाइम है?" पर डाक्टर साहब के चेहरे पर कोई शिकन नहीं है। और रेखा....। क्या कोई पत्नी अपने पति को जाने देती? कितने ताने मारती, क्या-क्या कहती? शायद कलह ही हो गई होती। पर रेखा को

भी कोई कष्ट नहीं है। बेचारी इन्तज़ार करेगी.... कब तक....पता नहीं क्या केस है?..... कितना समय लगेगा।

## (२)

डाक्टर साहब गाड़ी ले अस्पताल पहुँच गए। गाड़ी खड़ी की। गार्ड ने उछलकर सैल्यूट मारा और गाड़ी की चाबी डाक्टर साहब से लेकर स्वयं गाड़ी का दरवाज़ा बन्द किया। डाक्टर साहब अस्पताल में एमरजेन्सी वार्ड में पहुँच गए......। रात के डाक्टर ने इलाज शुरु कर दिया था। डाक्टर साहब का समुचित अभिवादन करके डा० नन्द ने "केस ब्रीफ" किया।

"सर, लगता है स्लीनिक रपचर है। कल इंजरी हुई थी। अब डिस्टेंशन है, सीवियर शॉक में है। बाएँ कन्धे पर भी दर्द है। मैंने अल्ट्रासाउण्ड व एक्स-रे करवा लिए हैं। एक्स-रे में गैस अंडर डायफ्राम नहीं है, पर एबडोमेन में काफी फ्री फ्लुड है।"

"हूँ।" कहकर डाक्टर साहब ने अर्चना को देखा। पूर्ण निरीक्षण किया, एक्स-रे और अल्ट्रासाउण्ड देखे। अर्चना की माँ की ओर मुँह करके बोले "कहाँ हैं चौधरी साहब?"

"दवा लेने गए हैं। मुझे बताइए भाई साहब अर्चना ठीक है न।"

"आप घबराएँ नहीं।"

लो आ गए चौधरी साहब भी।

"आओ चौधरी मेरे कमरे में आओ", डाक्टर साहब ने रात के डाक्टर की तरफ़ देखकर कहा, "मेरा कमरा खुलवा देते।"

"खुला है सर।"

दोनों, डाक्टर साहब व चौधरी साहब कमरे में जाकर यथा

स्थान बैठ गए। डाक्टर साहब बोले,

"जब कल चोट लगी थी तो तब से अब तक क्या करते रहे?"

"मैं घर पर नहीं था, अभी रात ही आया हूँ, दो दिन से देहली गया था।"

"तो भाभी तो मुझे जानती हैं, आ जातीं।"

"किसके साथ आतीं?"

"क्यों, आजकल कोई चौकीदार नहीं है क्या?"

"है तो पर क्या उस 'एस सी' के साथ आतीं?"

डाक्टर साहब का चेहरा तमतमा गया पर क्या करते? इस समय तो रोगी की जान बचाने की बात है। बाकी सब बातें पीछे... गम्भीर मुद्रा में डाक्टर साहब बोले-

"देखो, फौरन आपरेशन होगा। तिल्ली फट गई है। ख़ून पेट में भर रहा है, जान का पूरा ख़तरा है। यह तो किस्मत है कि कल से अब तक तिल्ली पर ख़ून जम जाने से समय बीत गया; वरना कल ही.."

चौधरी साहब अवाक् रह गए। चेहरे की हवाइयाँ उड़ गईं। उन्हें पता था तिल्ली फटना बड़ा गम्भीर होता है। चौधरी साहब हॉकी के खिलाड़ी व विशेष प्रेमी थे। हॉकी के हर मैच व खिलाड़ी की पूरी जानकारियाँ उन्हें रहती थीं। उन्हें याद आया कि पिछले दिनों ही तो हॉकी का एक खिलाड़ी तिल्ली फटने से मृत्यु का शिकार हो गया था। चौधरी साहब घबराहट के साथ बोले, "फ़ौरन करो डाक्टर, किसी भी तरह अर्चना की जान बचाओ।"

"क्या तुम्हें शक है कि मैं कोई कसर छोडूँगा? आगे ईश्वर की

कृपा होगी।" डाक्टर साहब ने हिम्मत बँधाते हुए कहा। "तुम अपना काम करो मैं अपना काम करता हूँ।" डाक्टर साहब खड़े हो बाहर की ओर चलते हुए आगे बोले, "चार बोतल ख़ून चाहिए फ़ौरन।"

"कहाँ से आएगा? सोना ब्लड बैंक से ले आता हूँ।"

"सोना ब्लड बैंक से? तुम्हें मालूम है कि सभी ब्लड बैंकों पर व्यावसायिक रक्तदाता ख़ून देते हैं जिनसे एड्स और पीलिया जैसे भयंकर रोगों का संक्रमण होता है। मारोगे अर्चना को। पढ़े-लिखे होकर ऐसी बातें कर रहे हो और फिर क्या इस समय वह खुला होगा?" डाक्टर साहब थोड़ी झल्लाहट के साथ बोले।

"तो क्या करूँ यार! तुम्हीं बताओ" चौधरी साहब के माथे पर पसीना साफ़ दिखाई देने लगा था।

"एक तो तुम दे दो, एक भाभी जी दे देंगी। मैं दो ख़ून के साथ ही आपरेशन शुरु कर देता हूँ। इतने में ही अपने यार दोस्तों को फोन कर दो वे आ जाएँ और ख़ून दे दें।"

"अगर ग्रुप न मिला तो?"

"कोई बात नहीं, एक्सचेंज हो जाएगा यानी बदले में अर्चना के ग्रुप का खून मिल जाएगा। अब जल्दी करो।" यह कहकर डाक्टर साहब ने ड्यूटी पर उपस्थित डाक्टर को सम्बोधित करते हुए कहा, "यार डाक्टर नन्द, तुरन्त ओ.टी. लगवाओ। चौधरी साहब व भाभी का ब्लड लेकर तैयार करवाओ, बेहोशी वाले डाक्टर को तुरन्त आने को कहो और मरीज़ शिफ्ट करवाओ। बहुत कम टाइम है। आज तुम्हारी एफीशेन्सी की परीक्षा है।"

"यस सर।" कहकर डा० नन्द तुरन्त काम में लग गए।

अर्चना का ब्लड प्रैशर कम होता जा रहा था। मृत्यु बाँहें फैलाए सामने खड़ी थी। अर्चना अब अर्द्धचेतना में पहुँच चुकी थी। चौधरी साहब ख़ून देकर आ गए थे और बड़ी दयनीय अश्रुपूर्ण नेत्रों से अर्चना को निहार रहे थे।

एक हाथ अर्चना के माथे पर था और दूसरे से अर्चना का हाथ थाम रखा था। धीरे-धीरे आँसू आँखों की सीमा लाँघकर बाहर निकलने लगे थे। अब गम्भीरता उन्हें समझ आ गई थी और अर्चना के बच पाने की उम्मीद भी धूमिल दिखाई पड़ती थी। राजू भी आ गया था। हाँ, राजू वही उनका चौकीदार।

डाक्टर साहब ने एमरजेन्सी में ख़ून की बोतल लेकर प्रवेश किया। वे ख़ुद ही ख़ून लेकर चले आए थे। ब्लड बैंक का विभाग अस्पताल के ही निचले भाग में था। यहाँ केवल स्वैच्छिक रक्तदान ही लिया जाता था और एक्सचेन्ज में ही ख़ून मिलता था। सिस्टर को ख़ून की बोतल देते हुए बोले, "लो इसे फ़ौरन लगा दो और फिर तुरन्त ओ.टी. में शिफ़्ट करो।"

अर्चना की नब्ज़ की रफ़्तार धीमी पड़ने लगी थी। डाक्टर साहब ने अर्चना का पुनः निरीक्षण किया और चौधरी की तरफ़ देखकर बोले, "चौधरी रोने-धोने से काम नहीं चलेगा। हिम्मत से काम लो और मदद करो हमारी।"

चौधरी डाक्टर साहब की बात सुनकर बिलखते हुए बोले, "तुम बताओ मैं क्या करूँ? मेरी अर्चना तो गई।"

चौधरी डाक्टर साहब से लिपट पड़े।

डाक्टर साहब ने अपने रुमाल से उनके आँसू पोंछते हुए कहा,

"इस तरह तो तुम मुझे भी हताश कर रहे हो। मैं इतनी आसानी से इसे जाने नहीं दूँगा। ईश्वर पर भरोसा रखो। तुमने ख़ून के लिए क्या किया? बुलाया किसी को?"

चौधरी साहब फिर बिलख पड़े; "सभी को फ़ोन करके देख लिया। कोई है नहीं, कोई ड्रिंक किए है, आने की स्थिति में नहीं है, कोई क्लब से नहीं लौटा, किसी की तबियत ख़राब है, कोई कमज़ोर है और किसी का फोन नहीं मिला। लिस्ट पूरी हो गई दोस्तों की।"

डाक्टर साहब के मन में रहीम का दोहा घूम गया "मथत-मथत माखन भयो, दही मही बिलगाय; रहिमन सोई मीत है, भीरु पड़े ठहराय"। यानी कठिनाई के समय साथ देने वाला ही सच्चा मित्र होता है। आज की दुनिया में ऊपर से दिखने वाले मित्र कितने सच्चे हैं कितने झूठे....

डाक्टर साहब ने इन्टरकौम से ब्लड बैंक विभाग में बात की

"हाँ डा० पाल मैं हूँ डा० राधेश्याम।"

"यस सर"

"यार अभी अर्चना का एक ब्लड आपने दिया है।"

"दूसरा भी तैयार है सर।"

"ठीक है, वैरी गुड। उसे भी भेज दो। सुनो ऐसा हो सकता है कि मुझे अर्चना के लिए अभी दो बोतल ख़ून दे दो। मैं कल सुबह एक्सचेंज कर दूँगा। चाहो तो एक मेरा भी अभी ले लो।"

"सर आप शर्मिन्दा करते हैं। आपके आदेश पर सब हो सकता है; पर इस समय हमारे पास ए-निगेटिव ग्रुप का कोई और ब्लड स्पेयर में नहीं है, आपका भी ग्रुप ए०बी० है। आपके ख़ून देने से भी काम नहीं चलेगा। इसके लिए ए निगेटिव ग्रुप के ही डोनर चाहिएँ।"

ओ०टी० से वार्ड ब्वॉय आकर बोला, "सर केस लग गया। आपको बेहोशी वाले डाक्टर साहब ने तुरन्त बुलाया है। मरीज़ सीरियस है।"

चौधरी साहब के यह सुनकर होश फ़ाख़्ता हो गए। डाक्टर साहब को भी अब साक्षात् यमदूत प्रत्यक्ष रूप में दिख रहे थे। वे जानते थे कि बिना ख़ून के अर्चना को नहीं बचाया जा सकता। आपरेशन कक्ष में घुसने से पहले उन्होंने चौधरी के कन्धों पर हाथ रखते हुए कहा। "मुझे दुख है यार, बिना ख़ून के मैं अर्चना को नहीं बचा पाऊँगा। कुछ कर सकते हो तो करो।"

चौधरन भी ख़ून देकर आ चुकी थीं। माँ-बाप का दिल कितना कच्चा होता है। दोनों के सब्र का बाँध टूट गया। चौधरी साहब रोते हुए अपनी पत्नी की ओर देखकर बोले, "अगर तुम कल ही इसे राजू के साथ यहाँ ले आतीं तो आज हमारी बच्ची बच गई होती। यह सब नतीजा तुम्हारे झूठे अभिमान का है।"

राजू से नहीं रहा गया वह बोल ही उठा, "डाक्टर साहब हमारा ख़ून ले लो और किसी तरह बिटिया को बचा लो।"

चौधरी साहब के सामने जैसे आशा का सूरज चमक उठा "अरे हाँ डाक्टर, राजू का ख़ून चैक कर लो।"

डाक्टर साहब को भी कुछ आशा की किरणें दिखाई दीं। टूटता साहस फिर सबल हो गया। डा० पाल भी वहीं आ चुके थे। डाक्टर साहब तुरन्त डा० पाल से बोले-

"डाक्टर पाल तुरन्त दो मिनट में राजू का ख़ून टैस्ट करो और ग्रुप बताओ। यह भी सोचो ख़ून तुरन्त कहाँ से व कैसे मिल सकता

है? अब रात को तो अन्य ब्लड बैंक से भी ख़ून नहीं मिल सकता। एड्स, पीलिया तो देखा जाता, पर एक तो रात और हमारे पास कोई समय नहीं है।"

"सर, मैं भी यही बताने आया था। मैंने डोनर लिस्ट में देखा है कि श्रीकान्त का ए निगेटिव ग्रुप है।" डा० पाल ने कहा-

"कौन श्रीकान्त?"

"सर हमारे अस्पताल में सफ़ाई कर्मचारी है और इस समय है भी ड्यूटी पर।"

"अभी दे देगा?"

"देगा क्यों नहीं, उसने स्वयं ही तो अपना नाम लिखवा रखा है। बड़ा अच्छा आदमी है।"

"तो जल्दी करो।"

यह सब चौधरी साहब ने नहीं सुना क्योंकि वे राजू के साथ ब्लड बैंक की ओर जा चुके थे और डाक्टर साहब बात करते हुए ओ०टी० के डाक्टर कक्ष में जा पहुँचे थे। डा० पाल तुरन्त ब्लड बैंक की ओर रवाना हो गए।

अभी डाक्टर साहब कपड़े बदलकर आपरेशन कक्ष में घुस ही रहे थे कि इन्टरकौम की घन्टी बजी। डाक्टर साहब ने फ़ोन उठाया

"हैलो"

"सर मैं डा० पाल"

"हाँ बोलो,"

"सर राजू का ग्रुप ए निगेटिव है।"

"बहुत अच्छा है तुरन्त दो।"

डाक्टर साहब खुशी से उछल पड़े। आँखों में तेज आ गया। एक नया विश्वास जाग उठा। उन्हें विश्वास था कि अब अर्चना बच सकेगी। अच्छे सर्जन हैं, तेज़ रफ़्तार है विशेषकर एमरजेन्सी में तो हाथ ऐसे चलते हैं जैसे कोई दैवी शक्ति उनके पास हो। और फिर बड़े धार्मिक हैं। ईश्वर में अटूट विश्वास व श्रद्धा है। अब तक परेशान थे। इस तरह जैसे कोई सिपाही युद्ध क्षेत्र में बिना गोला बारूद के पहुँच जाए तो परेशान हो। स्वाभाविक भी तो है। बिना हथियार कैसे लड़ाई जीती जा सकती है?

## (३)

डाक्टर साहब आपरेशन कक्ष में पहुँच गए। सब तैयार था। बेहोशी के डाक्टर सोमेन्द्र बोले-

"जल्दी करो राधे।"

डा० राधेश्याम डा० सोमेन्द्र के जूनियर रहे थे इसलिए वे उन्हें राधे ही कहते थे।

डा० सोमेन्द्र बोले - "बस मैं तुम्हे कुल पन्द्रह मिनट दूँगा। जो चाहो कर लो खोलने से बन्द करने तक। दोनों तरफ ख़ून लगा दिया है। पन्द्रह मिनट में कुछ कर पाए तो ठीक है वरना ये तो गई।"

"आप चिन्ता न करें सर। ईश्वर ने चाहा तो मैं बारह मिनट में ही कार्य कर लूँगा।" डाक्टर राधेश्याम ने आत्मविश्वास से कहा।

"बाकी ख़ून की बोतलें कहाँ हैं? कम-से-कम दो और चाहिएँ।"

"आ रही हैं। पहली बोतलों के ख़त्म होने से पहले आ जाएँगी।" कहते-कहते डा० राधेश्याम आपरेशन शुरु करने लगे।

पेट में नाभि से ऊपर बाँयी तरफ एक लम्बा-सा चीरा लगाया

जैसे ही डा० राधेश्याम ने चीरा लगाया डा० सोमेन्द्र ने बड़ी तत्परता व उत्सुकता से ज़ख़्म की ओर देखा और डा० राधेश्याम से पूछ बैठे

"देखो, ख़ून ब्लैक तो नहीं है।"

"ख़ून निकले तो देखूँ न। इसके ज़ख़्म से तो ख़ून ही नहीं निकल रहा! निकलेगा भी कहाँ से यह तो बिल्कुल 'पेल' पड़ी है।"

डा० राधेश्याम ने चीरा पेट की दीवार की गहराई में लगाकर मांसपेशियों की झिल्ली काटी और मांसपेशियाँ अलग की। थोड़ा रक्त दिखाई दिया तो डा० सोमेन्द्र से बोले-

"ब्लड ठीक है सर। ब्लैक नहीं है।"

सिस्टर चिमटी व अन्य औज़ार दे रही थी और सहायक डाक्टर सामने की ओर से सहायता कर रहे थे।

डा० राधेश्याम आपरेशन के समय बेहोशी के डाक्टर व अन्य लोगों से कहानी किस्से कहते रहा करते थे। इन कहानी किस्सों के माध्यम से लम्बा चौड़ा भाषण आपरेशन कक्ष में ही हो जाता था।

डा० सोमेन्द्र तो कहते थे 'कि राधे को नेता बनना है। यह हम लोगों को सुना-सुनाकर भाषण देने की प्रेक्टिस करता है। हमें भी मज़बूरी में सुनना पड़ता है। न सुनें तो जाएँ कहाँ। मरीज़ जो बेहोश पड़ा है!

पर आज वातावरण बड़ा गम्भीर है। सभी बड़ी एकाग्रता और गम्भीरता से अपने-अपने कार्य में लगे हैं।

"सिस्टर तुम यह रिट्रेक्टर लगाओ और डाक्टर तुम इसे खींचो।"

"हाँ ठीक ऐसे ही।"

"लाओ स्पंज दो।"

"एक और,"

"जल्दी!"

"फोरसेप्स-"

"सीज़र-"

"जल्दी दो यार,"

"लो यह पकड़ो।"

"लाओ थ्रेड दो"

"अरे,.... दोहरा करके दो।"

डा० सोमेन्द्र बौखलाए हुए कभी कोई इन्जेक्शन दे रहे थे कभी कोई। वे ओ०टी० एसिस्टैन्ट पर चिल्लाकर बोले-

"अरे ख़ून लाओ न। मर जाएगी तब लाओगे। ये तो गई। मसाज करो सिस्टर, जल्दी।"

तेज़ रफ़्तार। तूफानी गति से सब भाग दौड़ रहे थे। गम्भीर, एमरजेन्सी के लाल बल्ब जग गए। बाहर भी नर्सों, कम्पाउण्डरों के चेहरे देखकर व लाल बल्ब जलता देखकर चौधरी व चौधरन समझ गए थे कि अर्चना तो गई। बिलख बिलखकर रो रहे थे। चौधरन की हालत तो बहुत बुरी थी। चौधरी साहब उस ही को बार-बार कोसते थे।

"तुमने मार दी मेरी बेटी।

क्या हो जाता अगर राजू के साथ आ जातीं?

अपवित्र हो जाती?"

अब बनी रहो पवित्र।

डाक्टर कितनी मेहनत कर रहा होगा। पर क्या करे वह भी!"

ओ०टी० के अन्दर डा० सोमेन्द्र घबराए हुए थे।

"मुझे नब्ज़ नहीं मिल रही है। ख़ून न मिला तो साँस भी जाएगी। पुतली फैलने लगी हैं।"

डाक्टर राधेश्याम से बोले-

"तुमने प्रोग्नोसिस तो बता दी थी। लिखवा लिया था न?"

"हाँ सर।"

इतने में दो बोतलें, ख़ून से भरी हुई, लेकर वार्ड ब्वॉय अन्दर घुसा। एक राजू ने दिया था दूसरा श्रीकान्त ने।

डा० सोमेन्द्र उछल पड़े "वेरी गुड, लगाओ जल्दी, दोनों तरफ से लगा दो। थोड़ा पम्प भी करो।"

डा० राधेश्याम की उँगलियां तेज़ी से चल रही थीं। चेहरे पर शान्त समुद्र की भाँति सन्तोष व विश्वास था। उन्हें पेट के अन्दर से बड़ी नाड़ी यानी एओरटा का स्पन्दन महसूस हो रहा था। वे जानते थे कि अर्चना अभी जिन्दा है। ख़ून आ गया है। उन्होंने भी रक्तस्राव बन्द कर लिया था, उन्हें ईश्वर पर भरोसा था कि अर्चना अवश्य बचेगी। डा० सोमेन्द्र की तरफ़ देखकर बोले-

"मेरा काम तो हो गया सर। अब बन्द करूँगा।"

"वेरी गुड पर रिलैक्सेशन नहीं मिलेगा।"

"कोई बात नहीं, वह भी भुगतेंगे हम।"

डाक्टर साहब सिस्टर से बोले-

"स्पंज व औज़ार गिनो।"

डा. सोमेन्द्र को भी अब अर्चना की नब्ज़ मिलने लगी थी। मिलती भी क्यों नहीं, दो ख़ून अभी-अभी तेज़ी से अन्दर जा रहे थे और निकलने का रास्ता बन्द कर दिया गया था।

डा० राधेश्याम ने राहत की साँस ली। आपरेशन समाप्त करके डा० राधेश्याम, डा० सोमेन्द्र के पास खड़े हो गए। सिस्टर ने पट्टी कर दी।

डा० राधेश्याम ने डा० सोमेन्द्र की ओर देखकर कहा,

"थैंक्यू सर।"

"डा० सोमेन्द्र ने डा० राधेश्याम की ओर देखा और मुस्कराकर कहा, "थैंक गॉड।"

अभी डा० सोमेन्द्र थोड़े तनाव में थे। पर धीरे-धीरे तनाव कम हो रहा था। अर्चना ने होश में आना शुरु कर दिया था।

"जीभ निकालो अर्चना, जीभ दिखाओ" डा० सोमेन्द्र ज़ोर-ज़ोर से अर्चना के कानों के पास चिल्ला रहे थे।

थोड़ा हाथ पैर हिलाने से लगता था कि अर्चना को होश आने की शुरुआत है, पर अभी वह डा० सोमेन्द्र की बातों पर कोई प्रतिक्रिया नहीं कर रही थी। साँस भी अभी बहुत धीमा व रुक-रुककर आ रहा था। डा० सोमेन्द्र ने बेहोशी की नली गले से निकाल दी और गले से थूक की व बलगम की सफ़ाई की।

उसके बावजूद भी अभी अर्चना को साँस ठीक से नहीं आ रहा था। डा० सोमेन्द्र परेशान थे।

डा० राधेश्याम भी बहुत चिन्तित थे। सारे कर्मचारी अर्चना को घेरे खड़े थे। एमरजेन्सी की सभी दवाओं की ट्रे बगल में रखी थी। डा० सोमेन्द्र अर्चना को बीच-बीच में आक्सीजन दे रहे थे क्योंकि अर्चना का अपना साँस बहुत धीरे-धीरे आ रहा था।

सहायक डाक्टर ने प्रस्ताव किया

"सर इसकी पल्स बहुत तेज़ है। आप कहें तो 'आइसोप्टिन' लगा दूँ।"

"नहीं डा० नन्द ऐसे में कुछ लगाने की आवश्यकता नहीं है। बस थोड़ी प्रतीक्षा करो।"

डा० नन्द व सिस्टर के चेहरे से तनाव व डा० सोमेन्द्र की बात से असंतुष्ट होने के भाव झलक रहे थे। डा० राधेश्याम ने उन्हें समझाते हुए कहा-

"बिल्कुल ठीक कह रहे हैं डा० सोमेन्द्र। ऐसे में बस आक्सीजन देते रहो और प्रतीक्षा करते रहो।"

डा० नन्द ने अपनी जिज्ञासा शान्त करने के लिए पुनः पूछा, "सर मुझे लगता है कि इसे प्रोस्टिगमीन की डोज़ कम दी है। वह तो और दे सकते हैं?"

"यही ग़लती बहुत से बेहोशी वाले करते हैं। हड़बड़ाहट व जल्दबाजी में अनाप शनाप इंजेक्शन देकर रोग को और बिगाड़ देते हैं। चिन्ता तो मुझे है, पर मैं हड़बड़ाहट में नहीं हूँ। तुम लोग ज़रा ईश्वर से प्रार्थना करो।" डा० सोमेन्द्र ने समझाते हुए कहा।

डा० राधेश्याम ने भी डा० सोमेन्द्र की बात को बल देते हुए कहा "अब तो बस ईश्वर की कृपा चाहिए।"

सभी लोग ईश्वर से प्रार्थना करने लगे "हे ईश्वर! इस बच्ची को जीवन दान दो।"

सिस्टर क्रिस्टी अपने वक्ष पर क्रास का चिन्ह बना कर कुछ धीरे-धीरे बोल रही थीं। डा० नन्द गायत्री-मंत्र का जाप कर रहे थे।

डा० सोमेन्द्र ने थोड़ी देर बाद चारों तरफ देखकर कहा -

"अरे नफ़ीस कहाँ गया?"

"अभी तो यहीं था।"

"बुलाओ उसे। ऐसे में कहाँ चला गया। यहीं रहना चाहिए। कब क्या आवश्यकता पड़ जाए पता नहीं चलता।"

सतीश, नफ़ीस को देखने आपरेशन कक्ष के बाहर गया व दो ही मिनट में उसे साथ लेकर अन्दर आ गया।

"कहाँ चले गए थे नफ़ीस? थोड़ा नाराज़गी के स्वर में डा० सोमेन्द्र ने पूछा। पर नफ़ीस ने जवाब नहीं दिया। डा० सोमेन्द्र ने फिर वहीं प्रश्न पूछा, "बताओ न, कहाँ गए थे? ऐसा क्या ज़रूरी काम आ गया था जो सीरियस मरीज़ को छोड़कर बाहर चले गए? नींद आ रही थी क्या?"

नफ़ीस गर्दन नीची किए चुपचाप खड़ा था। सतीश एक पुराना वार्ड ब्वॉय था। वह जानता था कि यदि नफ़ीस चुप रहा तो डा० सोमेन्द्र को क्रोध आ जाएगा। अतः वह स्वयं ही बोल पड़ा।

"सर ये दुआ पढ़ रहा था।"

यह बात सुनकर सबको हँसी आ गई। गम्भीर वातावरण में थोड़ा मनोरंजन हो गया। सिस्टर क्रिस्टी ने नफ़ीस को समझाते हुए कहा,

"बड़ी अच्छी बात है बेटा। पर गॉड को तो आपरेशन कक्ष के अन्दर ही पुकारा करो। बाहर जाने की बात ग़लत है।"

डा० राधेश्याम का एक हाथ अर्चना की नब्ज़ पर था। निगाहें अर्चना के साँस लेने की गति को देख रही थीं। अपना ध्यान उधर ही रखते हुए डा० राधेश्याम बोले-

"देखो ईश्वर का स्मरण व्यक्ति को कार्य करते-करते ही करते रहना चाहिए। यह सिस्टर ठीक कह रही हैं। कार्य बन्द कर दोगे तो ईश्वर सहायता कैसे करेंगे? ईश्वर तो हमारे माध्यम से ही सहायता देते हैं।"

पूरा वातावरण ऐसा था जिसे पूरा समाज देखता तो कितना अच्छा होता। एक बच्ची की जान की रक्षा करने के लिए सभी पूरी मेहनत कर रहे हैं। किसी के माथे पर शिकन या थकावट नहीं है। सभी धर्मों के व्यक्ति अपने-अपने आराध्यों से इस बच्ची के लिए प्राणों की भीख माँग रहे हैं।

यह बच्ची इन सब लोगों की क्या लगती है?

कुछ नहीं......,

और फिर भी इतनी मेहनत इतना दर्द..... इसी को तो मानवता कहते हैं।

क्या कोई पैसे का लालच भी हो सकता है?

कदापि नहीं। सभी जानते हैं कि डाक्टर साहब के मित्र की बेटी है किसी को कोई पैसा मिलने की सम्भावना नहीं है।

आज सभी की एकमात्र इच्छा है कि अर्चना को जीवन मिले। सबकी मेहनत व प्रभु-कृपा से अर्चना की दशा में सुधार हो रहा था। डा० सोमेन्द्र ने पुनः अर्चना का गाल थपथपाया व आवाज़ लगाई।

"आँखें खोलो अर्चना! आँखें खोलो,"

धीरे-धीरे अर्चना ने आँखें खोल दीं।

"जीभ दिखाओ। हाँ, हाँ, शाबाश जीभ बाहर निकालो।"

अर्चना ने धीरे-धीरे मुँह खोला, और थोड़ी जीभ निकालने का प्रयत्न किया।

"बहुत अच्छा। बड़ा-सा मुँह खोलो, पूरी जीभ निकालो। वेरी गुड.........।"

अर्चना ने जीभ बाहर निकाल दी,

खुशी की लहर दौड़ गई। खुशी की ज्योति सभी व्यक्तियों की आँखों में झलक रही थी। सभी को उनकी मन्नतें ईश्वर ने पूरी करके दे दी थीं ........।

ऐसा लगता था कि अर्चना कोई रोगी नहीं वरन सभी की रिश्तेदार थी। कोई नई बात नहीं है क्योंकि डाक्टर, नर्सों व कम्पाउण्डरों की भावना तो किसी भी गम्भीर रोगी से रिश्ता बना लेती है। कितना मर्मभेदी है यह व्यवसाय!

## (४)

डाक्टर साहब आपरेशन कक्ष से बाहर निकले तो तुरन्त ही चौधरी साहब व चौधरन दौड़ पड़े। उन्हें मन में शक था कि उन्हें डाक्टर साहब बताएँगें कि बड़ी कोशिश के बाद भी अर्चना नहीं बच सकी।

पर यह क्या? डाक्टर साहब ने उन्हें आश्चर्यचकित कर दिया

"बधाई हो चौधरी। आपरेशन सफल हुआ। अर्चना ठीक है।"

चौधरी साहब जो अपने आँसू सँभाल चुके थे, डाक्टर साहब से लिपट गए और फिर रो पड़े। झर-झर आँसू बह रहे थे; "डाक्टर तुम भगवान हो।"

"नहीं चौधरी, मैं तो बस इन्सान हूँ। तुम्हारा सेवक। ईश्वर तो वही है। उसी ने तुम पर दया की है।"

"और, ईश्वर कृपा के अतिरिक्त यदि किसी को क्रेडिट जाता है तो राजू व श्रीकान्त को। वे ख़ून न देते तो अर्चना न बचती।"

"मैं उन्हें हज़ार-हज़ार रुपये का इनाम दूँगा।" चौधरी साहब बोले,

"बस हज़ार रुपये में उनका अहसान उतार दोगे?"

"नहीं और भी दूँगा। जो ये माँगेंगे सब दूँगा।" कहकर चौधरी साहब ने पाँच-पाँच सौ के नोट निकाले और दो-दो श्रीकान्त व राजू की ओर बढ़ा दिए। दोनों उत्सुकता से आपरेशन का नतीजा जानना चाहते थे। इसलिए वहीं खड़े थे।

पैसे उन्होंने नहीं लिए। दोनों एक ही स्वर में बोले-

"हमें पैसे नहीं चाहिएँ साहब। हमने तो अपनी बिटिया की जान बचाने को ख़ून दिया था। उसकी जान बच गई हमें सब कुछ मिल गया।"

डाक्टर राधेश्याम बीच ही में बोल पड़े, "मुझे मालूम है इन्हें क्या चाहिए?"

"बताओ जल्दी। मैं इन्हें सब कुछ दे सकता हूँ। कहोगे तो आसमान से.......

चौधरी की बात काटते हुए डाक्टर साहब ने कहा, "बस-बस आसमान के चाँद तारों को छोड़ो, एक छोटी-सी चीज़ दे सकोगे इन्हें?"

चौधरी ने कहा - "हाँ डाक्टर तुम कहकर तो देखो।"

"सोच लो.....।"

"हाँ सोच लिया। तुम्हें शक क्यों हो रहा है?"

"इन्हें तीन अक्षर चाहिएँ।"

"पहेलियाँ क्यों बुझा रहे हो डाक्टर, बताओ न मैं इन्हें क्या दूँ? अरे राजू, श्रीकान्त तुम ही बोलो।"

राजू व श्रीकान्त एक दूसरे का मुँह देख रहे थे। उन्हें समझ नहीं आ रहा था कि डा० राधेश्याम आखिर किस चीज़ की बात कर रहे हैं? विस्मित-से वे बोल ही पड़े,

"हमें तो कुछ भी नहीं चाहिए साहब।"

"अरे! ये अपने मुँह से थोड़े ही माँगेंगे। मुझसे पूछो चौधरी, मुझे मालूम है इन्हें क्या चाहिए.....?"

"तो बताओ न यार। देखो मैं इनके अहसान तो नहीं उतार सकता पर जो भी कहोगे अभी मँगवा दूँगा।"

"नहीं-नहीं मँगवाने की आवश्यकता नहीं है। वह तुम्हारे पास है। तुम्हारे भीतर।" कहते-कहते डाक्टर राधेश्याम बहुत गम्भीर हो गए। उनके गम्भीर भाव चेहरे से झलक रहे थे। आँखों में चमक थी, चेहरे पर दृढ़ता...... चौधरी साहब भी यह भाँप गए। उन्हें वास्तव में उलझन होने लगी थी कि आखिर डाक्टर इन्हें क्या दिलवाना चाहता है। वह नहीं समझ पा रहे थे कि उनके भीतर क्या है? "क्या श्रीकान्त व राजू मुझसे ख़ून चाहते हैं? मेरे भीतर तो ख़ून ही है। ख़ून का बदला ख़ून......" न जाने विचारों की चक्की क्या-क्या बना दे? तभी डाक्टर राधेश्याम ने गम्भीर वाणी में कहा-

"इन्हें स...., म.... और ता दे सकोगे?"

"इन्हें प्यार दे दो, समानता दे दो। इन्हें न्याय दे दो।" कहते-कहते डाक्टर साहब की आँखें नम हो गईं।

चौधरी साहब पर घड़ों पानी गिर पड़ा। जैसे सोते से जाग गए

हों। दौड़कर उन्होंने सफ़ाई कर्मचारी श्रीकान्त को गले से लिपटा लिया और बिलख-बिलखकर रो पड़े।

उधर चौधरन जो खुशी से पागल-सी हो गई थी राजू के पैरों से लिपट गई। "मुझे माफ कर दो राजू। मैंने तुझे क्या-क्या कष्ट नहीं दिए? पर आज इनके पैसे वाले और ऊँची जाति के दोस्तों के बदले तू ही काम आया।"

कितना पगला है इन्सान? जाति और धर्म की दीवारें खड़ी कर आदमी-आदमी के बीच भेद-भाव करने लगता है। किसी को नीचा और किसी को ऊँचा समझने लगता है। वह नहीं जानता कि सबकी रगों में बहने वाले ख़ून का रंग एक है।

"....मुझे मारो, मुझे दण्ड दो.... यही मेरा पश्चाताप होगा।"

राजू और श्रीकान्त ठगे-से रह गए। रो पड़े। उन्हें अहसास हो रहा था कि सच्ची बराबरी व सम्मान प्यार से, त्याग से व सेवा से ही मिल सकता है। उन्हें याद आ रहा था कि किस प्रकार कुछ लोग उन्हें भड़काया करते हैं कि इस समाज को बन्दूकों से बदल डालो। ऊँची जाति वालों को सबक सिखा दो। 'हल्ला बोल दो।' मार-मारकर भुस भर दो उनकी खाल में। कितना झूठ है यह? हिंसा से क्या कभी प्यार व सम्मान मिल सकता है?"

यह तो समय ही बताएगा कि उन्हें समता मिलेगी कि नहीं, यदि मिलेगी तो कब मिलेगी? परन्तु इतना स्पष्ट था कि अब उन्हें समता मिलने का सही रास्ता दिखाई दे गया था। जीवन की अमूल्य निधि उन्हें मिल गई थी।

वे यह भी जानते थे कि चौधरी जैसे लोगों का मन बदलने के

लिए डा० राधेश्याम जैसे कर्मयोगियों की आवश्यकता है। यही लोग समाज में समानता ला सकते हैं।

अब अर्चना पूर्णतः चेतन थी। डा० नन्द ने सूचना दी "सर पेशेन्ट बिल्कुल ठीक है और शिफ़्ट कर दिया है।"

डा० राधेश्याम ने कहा "अच्छा रात को भी ध्यान रखना।"

डा० नन्द के बीच में आकर बोलने से सभी एकाग्र हो गए। चौधरी, चौधरन भी खड़े हो उत्सुकता से डा० नन्द की ओर मुड़े, राजू श्रीकान्त भी विचार-सागर से बाहर आ गए.......।

डाक्टर साहब ने चौधरी व चौधरन की ओर देखकर कहा "अच्छा चलता हूँ। वैसे तो सब अच्छा हो गया पर मुझसे एक ग़लती हो गई।"

चौधरी साहब ठिठक गए। भला क्या ग़लती हो गई? उनका मन शंकित हो गया।

कई बार अख़बारों में चर्चा होती है कि डाक्टर ने रोगी के पेट में कैंची, चिमटी व स्पंज छोड़ दिया..... कहीं डा० राधेश्याम ने भी तो अर्चना के पेट में कुछ ..... छोड़ तो नहीं दिया। इससे पहले कि वे कुछ पूछें डा० राधेश्याम व्यंग्यात्मक शैली में बोल उठे.... "आज एक हरिजन और एक वाल्मीकि का ख़ून चढ़ाकर अर्चना को अपवित्र कर दिया।"

"अब और जूता न मारो डाक्टर, हम लोग पहले ही बहुत शर्मिन्दा हैं। हम क़सम खाते हैं कि इस जाति-व्यवस्था को तोड़ने में तुम्हारे साथ कन्धे-से-कन्धा मिलाकर काम करेंगे।"

"बहुत सुन्दर। मेरी मेहनत सफल हुई चौधरी।"

"लेकिन तुम्हें भी एक वादा करना होगा।"

"बताओ,"

"अब से तुम मुझे चौधरी नहीं कहोगे, बस अजब सिंह।"

डाक्टर साहब ने जाते-जाते अजब सिंह को गले लगा लिया। डाक्टर साहब सोच रहे थे, "यही तो मानवता है हिन्दू धर्म की। यहाँ परिवर्तन सम्भव हैं, कितने भी कट्टरवादी क्यों न हों अगर सही तरीके से सही समय पर समझाया जाए तो समझ जाते हैं। कौन है ऐसा दूसरा मत या सम्प्रदाय जहाँ कट्टरतावाद न हो? पर दूसरी जगह तो आदमी परिवर्तन की सोच ही नहीं सकता।"

जल्दी से गाड़ी में बैठकर डाक्टर साहब चल दिए। सोच रहे थे कि साढ़े तीन बज गए हैं रेखा अभी जागी होगी या सो गई होगी।

वे यह भी सोच रहे थे कि यदि सतवीर ने प्रतीक्षा की होती....।

●●●

# एक सद्...

शब्बीर को दवा खाते पाँच दिन हो गए हैं। अब दोबारा दिखाना है। वैसे बहुत आराम है शायद दवा की अब आवश्यकता ही नहीं होगी। पर एक बार दिखाना अच्छा है। यह सोचकर शब्बीर घर से चला। घर से निकलते ही जब्बार भाई मिल गए।

"आदाब जब्बार भाई।"

"आदाब। कैसे मिजाज़ हैं शब्बीर।"

"शुक्र है मालिक का।"

"अरे सुना तुमने। तुम्हारे चौधरी साहब हैं न"

"जी हाँ, क्या हुआ उन्हें?" शब्बीर ने उत्सुकता से पूछा,

"उनकी बेटी अर्चना मरते-मरते बची। तिल्ली फट गई। कल रात आपरेशन हुआ है। अभी भी खतरे में है। अल्लाह रहम करे।"

शब्बीर का सिर घूम गया। बड़ी सुन्दर लड़की है। पर बद्दुआ भी तो कोई चीज़ है। कितनों की बद्दुआएँ लगती रही होंगी? ग़लतियाँ माँ-बाप करें और बद्दुआ बच्चों को लगे। बच्चों को क्या पूरे परिवार को लगती हैं। मन में विचार आया कि कहीं मेरी ही बद्दुआ न लग गई हो। मन व्यथित हो उठा। शब्बीर अब चौधरी साहब से बहुत दूर जा चुका था; फिर भी मन की एक जगह अभी भी उनके लिए सुरक्षित थी। शब्बीर घबराए हुए स्वर में बोला।

"नहीं, ऐसा नहीं हो सकता।"

"अरे मियाँ ऐसा ही हुआ है। मैं तो सुबह देख भी आया। पीली पड़ गई है।"

"मुझे भी जाना चाहिए न," शब्बीर ने इजाज़त लेने के अन्दाज़ में पूछा।

"हाँ-हाँ, यह तो इन्सानी फर्ज़ है। कोई दुश्मनी थोड़े ही है उनसे। जाओ तुम भी हो आओ।"

शब्बीर जल्दी से अस्पताल की ओर चल दिया। इस समय उसे अपनी बीमारी की परवाह नहीं थी। वह भूल गया कि आज उसे डाक्टर के क्लीनिक भी जाना है। चौधरी साहब का घर तो रास्ते में पड़ता है। शब्बीर ने सोचा कि कहीं कुछ भेजना हो, चलो उनके घर भी होता चलूँ।

अरे यह क्या? चौधरी साहब के घर पर, शब्बीर ने देखा कि दो आदमी सीढ़ी पर चढ़े हैं दो नीचे खड़े हैं। अरे ये तो चौधरी साहब के बोर्ड पर कुछ चिपका रहे हैं। यह क्या माजरा है? मन घबराने लगा। कोई अपशकुन तो नहीं है? शब्बीर दिल से चौधरी साहब का बुरा कभी सोच भी नहीं सकता था। उसे रह-रहकर यह ग़म सता रहा था कि उसने न जाने कितनी बद्दुआएँ दी थीं चौधरी परिवार को। पर मन से थोड़े ही न दी थीं। वह तो झुँझलाहट में यों ही निकल गईं थीं।

बड़ी हिम्मत बटोरकर वह घर के किनारे वाले दरवाज़े से अन्दर घुसा। एक और आश्चर्य। राजू चबूतरे पर! हाथ में सकोरे के बदले चाय का प्याला, यह सब क्या है?

"आओ भय्या। राम राम।" शब्बीर को देख राजू बोला,

"राम राम राजू। बिटिया कैसी है?"

"बधाई हो शब्बीर भय्या। बिटिया बिल्कुल ठीक है।"

"क्या हुआ था उसे?"

"आपरेशन हुआ भय्या। वो तो मर ही गई थी। पता है पेट फट गया था।"

"पेट फट गया था? पेट कैसे फट सकता है?"

"अरे पेट में कुछ फट गया था। ख़ून-ही-ख़ून, पाँच सेर पक्का ख़ून निकला पेट से। अरे, जानते हो मैंने उसकी जान बचाई।" राजू ने खुशी से नाचते हुए कहा।

"तूने? तू क्या पागल हो गया है। ठीक-ठीक बता सारी बात।"

"मैंने ख़ून दिया अर्चना को। हाँ....... मैंने।"

"तूने ख़ून देकर बिटिया को बचाया? अरे तू तो बड़ा भागवान है रे! तूने तो अपना परलोक सुधार लिया। अब तो कोई मुराद माँग ले भगवान से। कहते हैं किसी की जान बचाने से भगवान एक इच्छा पूरी करते हैं।" शब्बीर बोला।

"अच्छा रुको पहले मैं तुम्हारे लिए चाय लाता हूँ।"

"घर में कोई नहीं है क्या?"

"मालकिन घर में हैं, साहब गए हैं अस्पताल।"

"मालकिन घर मैं हैं, और तू चबूतरे पर खड़ा होकर प्याले में चाय पी रहा है? डर नहीं है क्या? या सचमुच ही पागल हो गया है।"

"कौन चोरी छुपे पी रहा हूँ? मालकिन ने खुद दी है। ऊपर बुला कर दी है। अरे, और भी बहुत कुछ बताने को है अभी मेरे पास।

"अच्छा समझा, ख़ून देने पर तेरा इनाम है यह।"

"नहीं भय्या, इनाम तो साहब ने एक हज़ार रुपये का दिया था।"

"एक हज़ार......" शब्बीर ने चौंकते हुए कहा।

"हाँ, एक हज़ार। पर मैंने नहीं लिया।"

"लेकिन क्यों नहीं लिया पगले?"

राजू ने मुँह बनाकर कहा – "क्या मैं अपना ख़ून बेचता हूँ?"

आज राजू बहुत ख़ुश था। अपनी ख़ुशी किसी से बताए बिना कब तक रहता? वह प्रसन्न मुद्रा में आगे बोला, "और जानते हो। अभी मालकिन ने कहा है, कोठरी खाली कर दो और अपना सामान घर में ले आओ। अब मैं घर में ही रहूँगा। बर्तन जो मेरे पास थे न....."

"तेरे पास कौन से बर्तन थे भाई?" शब्बीर ने तपाक से पूछा।

"अरे, वही सकोरे, टूटी-सी थाली और कटोरी। सब फिकवा दिए।"

"लेकिन क्यों?" शब्बीर ने आश्चर्य से पूछा।

राजू ने चहकते हुए कहा, "मालकिन तो देवी हैं। कहने लगी बर्तन अलग नहीं होंगे। जिनमें हम खाते हैं उन्हीं में तुम खाओगे। सब इन्सान बराबर होते हैं तो बर्तन अलग क्यों हों? और बताऊँ....."

"हाँ, हाँ बता।"

"अभी दर्ज़ी को बुलवाया है। मेरे लिए नए कपड़े बनेंगे। दो-दो जोड़ी। कहती हैं अर्चना घर आ जाए तो बीवी बच्चों को ले आना। बच्चे घर में खेलेंगे और स्कूल पढ़ने जाएँगे। उर्मिला को सिलाई स्कूल भेजेंगी। जानते हो उर्मिला कौन है?"

"इतना बुद्धू नहीं हूँ जो न जानूँ। तेरे घर से होगी और कौन होगी?"

"हाँ, हाँ, ठीक कहा। मेरी उर्मिला भी अब यहीं आ जाएगी और बच्चे पढ़कर बड़े आदमी बनेंगे।" राजू की ख़ुशी का ठिकाना नहीं था। वास्तव में ख़ुशी से वह बौराने की हालत में आ चुका था।

"तू यह सब हक़ीकत बयान कर रहा है या कोई ख़्वाब।"

"सच है भय्या, सच।"

इतने में मालकिन स्वयं चाय का प्याला लेकर बाहर आ गईं। उन्होंने शब्बीर को देख लिया था। वह राजू को पुकार कर उसकी भाव भंगिमा नहीं तोड़ना चाहती थीं।

"लो सतवीर चाय पियो। भाई बुरा न मानना मैं तो तुम्हें सतवीर ही कहूँगी।"

"अरे मालकिन यह क्या? आप ख़ुद चाय ले आईं।"

"तो क्या हो गया।"

"राजू को ही आवाज़ लगा दी होती या धन्नो ही ले आती।"

"जैसा राजू, जैसी धन्नो, वैसी मैं। क्या फ़रक हो गया?"

"क्या कह रही हैं मालकिन? कहाँ ये लोग कहाँ आप?"

"मुझे अपने किए की सज़ा मिल गई अब और न कटाक्ष करो।" मालकिन मुरझाई-सी बोलीं-

"अच्छा बिटिया कैसी है यह बताइए।"

"अभी फ़ोन आया था साहब का। कह रहे थे डाक्टर ने कहा है अब ख़तरे से बाहर है; सात आठ दिन में घर भी आ जाएगी।"

"बड़ा शुक्र है मालिक का।"

"तुम सबकी दुआएँ हैं। राजू ने तो कमाल ही कर दिया।"

"मेरे लिए काम हो तो बताएँ।"

"बताऊँगी, अभी तो सब ठीक है। अच्छा मैं चलती हूँ।"

"अच्छा मालकिन बताइएगा।"

यह कहकर मालकिन तो अन्दर चली गईं पर शब्बीर के दिमाग़ में अभी भी कुछ स्पष्ट नहीं हो पा रहा था। वह विस्मयपूर्ण भाव से राजू से पूछ बैठा -

"ये बाहर क्या हो रहा है?"

"बाहर कहाँ?"

"वे लोग सीढ़ी पर चढ़कर क्या चिपका रहे हैं?"

राजू हँस पड़ा, "अच्छा वो। आओ खुद ही देखो।"

दोनों ही चाय पी चुके थे। अतः राजू शब्बीर को साथ लेकर बाहर की ओर चल पड़ा। बाहर ले जाकर पहले उसने नीचे वाली "नाम प्लेट" दिखाई।

"देखो, साहब सुबह घर आए थे। नीचे की प्लेट पर खुद ही 'चौधरी' के ऊपर कागज़ चिपका गए। अब वे केवल अजब सिंह हैं। चौधरी हटा दिया। कह गए ऊपर के बड़े बोर्ड पर भी चौधरी के ऊपर कागज़ चिपका दो कुछ दिन बाद नया बोर्ड बनवाएँगे।"

"पर ऐसा क्यों किया उन्होंने?"

"कहते हैं सब बराबर हैं कोई छोटा नहीं है कोई बड़ा नहीं है। ईश्वर ने सबको एक-सा बनाया है, सभी में तो उसी परमात्मा का ही अंश हैं। कहते हैं वे चौधरी नहीं बस अजब सिंह हैं।

"पर यह सब कैसे हुआ?"

"भय्या समाज बदल रहा है। अब हमें भी सम्मान मिलेगा। ऊँच-नीच ख़तम। उनकी आँखें खुल गई हैं। पता है जब अर्चना मरने

को थी तो बड़े-बड़े साहबों ने आने को ही टाल दिया। कहीं ख़ून नहीं मिला तो मैंने और एक वाल्मीकि ने दिया। तब समझ में आई असलियत।

शब्बीर का चेहरा लटक गया। बड़ी दबी-सी आवाज़ में बोला, "अच्छा चलूँ। ज़रा बिटिया को देख आऊँ।"

"अच्छा, फिर आना शब्बीर भाई।"

"हाँ आऊँगा। अच्छा राम राम।"

"राम राम.......,"

और शब्बीर गम्भीर, ग़मग़ीन, मुरझाया-सा चल दिया, अस्पताल की ओर.....। सोच रहा था, यह सब होना ही था तो दो साल पहले ही क्यों नहीं हो गया? ख़ून देने में तो मैं भी पीछे नहीं था....

ज़माना बदल रहा है...पर कब तक बदलेगा यह ज़माना....जब सब खो चुका होगा, तब बदलने से क्या होगा? शायद मैंने जल्दी कर दी। थोड़ा इन्तज़ार किया होता..... पर इन्तज़ार की भी हद होती है. .... इन्तज़ार-इन्तज़ार में सैंकड़ों साल बीत गए, .... समाज बदल रहा है... पर रफ़्तार इतनी धीमी क्यों है? जब तक हिन्दू समाज बदलने की स्थिति में आएगा तब तक कितना छोटा रह गया होगा.. ख़ैर, मुझे क्या मैं तो अब....

शब्बीर सोच में डूबा धीरे-धीरे आगे बढ़ रहा था। वह विचारों में इतना डूब गया था कि उसे न अपना ध्यान था और न ही रास्ते का।

विचार-प्रवाह तब टूटा जब शब्बीर का पैर एक छोटे-से गडढे में जा पड़ा। पैर गड्ढे में पड़ते ही शब्बीर गिर पड़ा। पर शीघ्र ही उठकर पास बनी पुलिया पर जा बैठा।

दोनों हाथों में वह पैर दबाए था। पैर की हड्डी टूटी नहीं थी, न ही कोई बाहरी ज़ख़्म था। बस मुड़ने में तेज़ दर्द हो रहा था।

शीघ्र ही वह पैर का दर्द भूलकर फिर विचारों में डूब गया। अपनी कथा किससे कहे? उसे पता भी न चला कब रहमत उसके पास पुलिया पर आ बैठा। रहमत ने शब्बीर को गिरते हुए देखा तो सड़क पार करके वह भी पास आ गया।

"ज़्यादा चोट तो नहीं आई शब्बीर।"

"बहुत चोट आई है।"

रहमत ने शब्बीर का पैर टटोलते हुए कहा – "कहाँ है? मुझे तो दीखती नहीं।"

"सभी चोटें दीखती थोड़े ही हैं, बडे मियाँ।"

"खोई-खोई बातें क्यों करते हो मियाँ? हमारे पास सभी तरह की चोटों के नुस्खे हैं। बताओ कहाँ है चोट?"

"आपके पास मेरी चोट का नुस्खा नहीं है....।"

"अरे हम समझ गए। कहीं दिल अटक गया है क्या? अकेले मजनू बने फिरते रहोगे तो ज़िन्दगी ख़राब होगी। बताओ कौन है वो नूरे जन्नत......"

"वो बात नहीं है......।"

"हमसे क्या छुपाना मियाँ, बता ही डालो," कहते-कहते रहमत ने जेब से डिबिया निकाली और मरहम शब्बीर के पैर पर हल्के-हल्के लगाने लगे।

उनका मरहम लगाना शब्बीर को अच्छा लग रहा था। उसे जिस्मानी सुकून मिल रहा था। पर काश! कोई उसके दिल की चोटों

पर मरहम लगा सकता? वह विचारों के माया-जाल में उलझने लगा। रहमत ने मरहम लगाते-लगाते कहा –

"मेरे मामूजात भाई की बेटी है। कहो तो बात करूँ। बेवा है। पैसा भी मिल जाएगा। बोलो.......,"

"नहीं बड़े मियाँ मुझे शादी-वादी नहीं करनी।"

"कब तक यूँ ही अकेले ख़ाक छानते रहोगे?

"इसमें खाक़ छानने की क्या बात है?"

"मन कैसे लगता है? क्या करते हो घर जाकर..... कैसे वक्त गुज़ारते हो?"

"रोता हूँ, अपनी किस्मत पर" शब्बीर ने झल्लाते हुए कहा... अच्छा बहुत शुक्रिया। पैर को बड़ा सुकून मिला, आपके मरहम से"

शब्बीर पुलिया से उठा और चल दिया ..........

## (२)

लगभग बीस दिन बीत चुके हैं शब्बीर से मिले। डा० राधेश्याम उसी तरह मरीज़ देख रहे हैं। एक बजे का समय होगा। अभी काफ़ी भीड़ है।

"अगला मरीज़ भेजो ..लू।"

लीलू ने पुराना पर्चा डाक्टर साहब के सामने रखा और बाहर जाकर आवाज़ लगाई "शब्बीर.....शब्बीर..... चलो भाई जल्दी चलो तुम्हारा नम्बर है।"

डाक्टर साहब पर्चा देखते ही समझ गए थे कि वही शब्बीर है। पर पाँच दिन के बदले बीस दिन में दिखाने आया है। शब्बीर कमरे में घुसा।

"अरे यह क्या दाढ़ी कहाँ गई।"

"कटवा दी", झुककर सलाम करते हुए शब्बीर बोला।

"बैठो। पर क्यों कटवा दी?"

"ऐसे ही।"

"हाँ घर की खेती ही तो है जब चाहो बढ़ा लो जब चाहे कटवा दो। अच्छा कैसे हो? कहाँ रहे इतने दिन?"

"पहले तो ठीक हो गया था पर पिछले तीन चार दिनों से फिर दर्द है।"

"लेटो।"

डाक्टर साहब ने देखा। पूरी तरह जाँच परख की। फिर बोले -

"वही बात है। दवा खा रहे हो या बन्द कर दी।"

"वह तो तभी बन्द कर दी थी। आपने पाँच दिन ही को तो कहा था।"

"तो पाँच दिन बाद दिखाने को भी तो कहा था। वह क्यों भूल गए ?"

"बिल्कुल ठीक हो गया था डाक्टर साहब। मैंने कहा था न आपकी दवा राम-बाण होती है। इसी कारण आया भी नहीं। फिर बाहर भी जाना पड़ गया था। कल ही लौटा हूँ।"

"देखो तुम बार-बार गड़बड़ करते हो। तुम्हें तेज़ाब बनने का रोग है। दवा कम-से-कम छह हफ़्ते खानी पड़ेगी। परहेज़ भी करना पड़ेगा।"

"साहब, बाहर का खाना खाया न। बाहर परहेज़ की थोड़ी ऊक-चूक तो हो ही जाती है। अब ध्यान रखूँगा।"

डाक्टर साहब ने दवा लिख दी। परहेज़ लिख दिया। पर्चा शब्बीर को दे दिया। पर्चा लेकर भी शब्बीर नहीं उठा। डाक्टर साहब ने प्यार भरे शब्दों में पूछा–

"और कुछ?"

"कुछ नहीं डाक्टर साहब।"

"तो ठीक है।"

शब्बीर ने झिझकते हुए कहा–

"थोड़ी बात करनी थी।"

"तो करो यार। कौन रोकता है तुम्हें?" डाक्टर साहब मुस्कराहट व अपनेपन से बोले।

"उसी मामले में कुछ पूछना था।"

डाक्टर साहब समझ गए कि किस मामले की बात शब्बीर कर रहा है।

"जल्दी में तो नहीं हो?"

"नहीं, बहुत समय है।"

"तो थोड़ा रुको, पहले सब मरीज़ देख लूँ फिर बात करेंगे।"

"जी।"

डाक्टर राधेश्याम ने घंटी बजाकर लीलू को बुलाया और पूछा–

"कितने मरीज़ हैं अभी!"

"सर अभी चार और हैं।"

"अच्छा भेजो और मरीज़ों को और देखो शब्बीर भाई को अन्दर के कमरे में बैठा दो। एक प्याला चाय......। अरे नहीं चाय तो इन्हें मना है। तो फिर एक गिलास शर्बत ला दो इन्हें। बरफ़ मत डालना।"

"जी सर।"

लीलू ने शब्बीर को अन्दर के कमरे में बैठा दिया और शर्बत भी लाकर दे दिया। उधर डाक्टर साहब ने चार मरीज़ देखे फिर दो और आ गए उन्हें भी देखा। ढाई बज गए थे। सभी मरीज़ देखकर उन्होंने लीलू से कहा–

"शब्बीर भाई को बुलाओ और एक प्याला चाय मेरे लिए ला दो। उन्हें शर्बत दे दिया था न?"

"जी सर दे दिया था।"

इससे पहले कि लीलू उन्हें बुलाता, शब्बीर भाई ने डाक्टर साहब की बात सुन ली थी और खुद ही चले आए डाक्टर साहब के कमरे में।

"हाँ, आप ही को बुला रहा था। बैठिए शब्बीर मियाँ।"

शब्बीर बैठ गया। सकुचाते हुए बोला–

"मैं कह रहा था....

"हाँ कहो न, रुक क्यों गए?"

साहस बटोरते हुए शब्बीर ने कहने का प्रयास किया,

"अगर आप कहें तो......"

"बोलो न। संकोच क्यों कर रहे हो? मैं क्या कहूँ? बताओ न!" थोड़ा आश्चर्य से डाक्टर साहब बोले।

शब्बीर के मन में कोई ख़ास बात थी। वह कहना चाहकर भी कहने का साहस बटोर नहीं पा रहा था। इतने में अभी वह कुछ कहने की हिम्मत ही कर रहा था कि लीलू चाय लेकर आ गया। लीलू को देख वह फिर चुप हो गया।

डाक्टर साहब शब्बीर की परेशानी को भाँप तो रहे थे पर यह नहीं समझ पा रहे थे कि आख़िर वह कहना क्या चाहता है? उन्होंने आभास कर लिया कि अकेले में ही कुछ कहेगा। अतः लीलू से बोले,

"जल्दी रखो लीलू और थोड़ी देर अन्दर किसी को न आने देना।"

फिर शब्बीर की तरफ देखकर उसे हिम्मत बँधाने के अन्दाज़ में बोले-

"अच्छा अब कहो। निःसंकोच कहो। कोई छिपाने की बात नहीं है। बोलो......।"

शब्बीर अब तक काफ़ी साहस जुटा चुका था। इधर-उधर देखा कि कहीं कोई सुन तो नहीं रहा और फिर बोल उठा,

"डाक्टर साहब आप कहें तो मैं फिर सतवीर होने को तैयार हूँ।"

डाक्टर साहब अवाक् रह गए। उन्होंने यह नहीं सोचा था। भाव गम्भीर हो गए। थोड़ा चुप्पी का वातावरण फैल गया चारों तरफ। फिर प्याले में एक सिप लेकर धीरे से बोले-

"भला मैं क्यों कहूँगा। तुम जैसा चाहो वैसा करो।"

"नहीं डाक्टर साहब, आपके कहने पर ही कर सकता हूँ, वरना नहीं।"

"पर ऐसा क्यों?"

"मैं आपकी बात ठुकरा नहीं सकता और मुझे यह भी विश्वास है कि आप जो कहेंगे वो सही कहेंगे। मेरे हित में कहेंगे।"

"मुझ पर इतना विश्वास है।"

"हाँ।"

“कैसे हो गया इतना विश्वास? वो भी एकदम से।”

“मैंने चौधरी साहब वाली सारी बातें सुन ली हैं। आपने उन्हें सही रास्ता दिखा दिया।”

“मैंने क्या किया भाई? समय पर सभी को सुधर जाना है। यह तो ईश्वर का आदेश हो चुका है।”

“आप मुझे भी रास्ता दिखाइए न। मैं बड़ा परेशान रहता हूँ। समझ नहीं आता क्या करूँ?”

“मेरी बात ध्यान से सुनना और जो कुछ पूछूँ तो साफ़-साफ़ बताना। मैं तुम्हें रास्ता दिखाऊँगा। मंज़िल तुम चुनना।”

“मैं आपका मतलब नहीं समझा।”

“मतलब साफ़ है। मैं तुम्हें अच्छा बुरा बताऊँगा, उसके बाद फ़ैसला तुम ख़ुद ही करना।”

“ठीक है साहब।”

“तो देखो आदमी चार कारणों से धर्म बदलता है।”

“जी,”

“एक तो किसी डर से, दबाव से, मरने से बचने के लिए या यूँ कहो अपने अस्तित्व को बचाने के लिए। जैसे कोई राजा कहे यदि सभी लोग मेरा धर्म नहीं अपनाएँगे तो मैं उन्हें मरवा दूँगा।”

शब्बीर तपाक से बोला, “जैसा सिकन्दर लोदी ने किया था।”

“देखो हम एक आम बात कर रहे हैं, किसी पर दोषारोपण करने नहीं बैठे हैं।”

“नहीं साहब, मैंने सुना है उसने लाखों को तलवार के ज़ोर पर मुसलमान बनाया था।”

लीलू बड़ा खिझलाया-सा अन्दर घुसा।

"देखिए सर, मानते ही नहीं। कह रहा हूँ कि अभी रुक जाएँ, मैं पर्ची पहुँचा दूँ पर घुसे चले आ रहे हैं। नाम भी नहीं बताते.....

अभी लीलू की बात पूरी भी नहीं हुई थी कि पीछे-पीछे शाकिर भाई आ धमके।

"अस्सलाम आलेकुम डाक्टर साहब"

"वालेकुम अस्सलाम शाकिर भाई।"

"कैसे-कैसे लोग बैठा रखे हैं बाहर? घुसने ही नहीं दे रहा। कह रहा हूँ कि डाक्टर साहब हमारे ख़ास दोस्त हैं। बस बात करनी है, दिखाना नहीं है, फिर भी पैसे माँग रहा है।"

इससे पहले डाक्टर साहब कुछ कह या समझ पाते लीलू थोड़ा गर्मी में तपाक से बोला-

"मैंने आपसे पैसे कब माँगे?"

शाकिर भाई भी थोड़ा गर्मी में बोले "क्यों? बार-बार कह नहीं रहा था पर्ची बनेगी..... पहले नाम बताओ। क्या मतलब है इसका? बात करने के भी पैसे देंगे। ज़ुल्म है क्या?"

लीलू वैसे तो शान्त रहता था पर आज भड़क उठा।

"आप ग़लत आरोप....."

डाक्टर साहब ने पूरी बात समझते हुए हँसकर कहा-

"तुम ज़रा चुप रहो लीलू।"

फिर शाकिर मियाँ की तरफ देखकर थोड़ा हँसे और बोले-

"शाकिर भाई पर्ची बनाने का मतलब पैसे से नहीं होता। इसका अर्थ है कि आगन्तुक का नाम लिख कर यानी "पर्ची" पर नाम लिखकर अन्दर भेजा जाता है।"

लीलू को अब संतोष हो गया कि डाक्टर साहब सच्चाई समझ गए हैं। डाँट नहीं पड़ सकती। मैंने तो सही काम किया है।" डाक्टर साहब लीलू की तरफ देखकर मुस्कराते हुए बोले-

"अच्छा तुम जाओ लीलू।" फिर शाकिर मियाँ से बोले-

"कैसे आना हुआ शाकिर भाई?"

"मैं तो आपको शुक्रिया अदा करने आया था। आपने ख़ूब फर्ज़ निभाया। उस बेचारी ख़ातून से एक भी पैसा नहीं लिया।"

"हाँ, वह तो मेरा फर्ज़ था जिसको कोई नहीं......"

बीच में टोका शाकिर भाई ने,

"अरे क्या कोई नहीं। आदमी भी है ससुर भी। पर अपने तो ग़ैर हो गए। यूँ तो हल्ला बहुत मचाते हैं जमात वाले, उनमें से भी कोई नहीं आया। एक ग़ैर ही काम आया बस। अगर तुम न होते बेचारी तो मर ही जाती।"

"अच्छा-अच्छा बहुत हो गई तारीफ़। जल्दी में न हो तो हमारी बातचीत में भी भाग लो।"

"हाँ-हाँ, बताओ क्या बातचीत है।"

डाक्टर साहब ने शब्बीर की तरफ़ देखकर कहा, "ये शब्बीर हैं। अब अपने दोस्त हो गए हैं। पहले मरीज़ थे।"

"बहुत ख़ूब।"

"हाँ तो शब्बीर मैं कह रहा था कि दूसरा तरीक़ा है लालच का जैसे एक व्यक्ति कोई लालच दे कि अगर तुम फलाँ मज़हब मान लो तो तुम्हें इतना पैसा दूँगा, नौकरी दूँगा, घर दूँगा, शादी करवा दूँगा, विदेश भेज दूँगा आदि आदि।"

शब्बीर का चेहरा फक्क था। वह सोच रहा था कि कैसे शाकिर के सामने डाक्टर साहब बोले जा रहे हैं। पर डाक्टर साहब का मन तो साफ़ था। सच्चाई बोलने में किसी से क्या पर्दा? शाकिर की तरफ निगाह करके डाक्टर साहब बोले-

"धर्म-परिवर्तन पर बात चल रही है। लोग धर्म-परिवर्तन क्यों करते हैं।"

"हूँ,"

"तो शब्बीर समझे। लेकिन लालच देना या तलवार के ज़ोर से ज़बरदस्ती धर्म-परिवर्तन करवाना सभी धर्मों में ग़लत माना गया है।"

शब्बीर कुछ कहना चाहता था पर शाकिर की तरफ़ देखकर रुक गया। डाक्टर साहब ने ताड़ लिया बोले तपाक से,

"इनसे डरो मत। ये कट्टरतावादी नहीं हैं। खुले दिमाग़ के हैं। सही को सही कहते हैं ग़लत को ग़लत। क्यों शाकिर मियाँ।"

"हाँ और क्या।"

शब्बीर की झिझक कुछ कम हो गई फिर भी बोला-

"हमारे यहाँ तो ऐसा नहीं है।"

डा० राधेश्याम - "वाह, क्या कहा तुमने। बिल्कुल है, कुरान-ए-पाक में साफ़ लिखा है कि जो किसी लालच से या डर से इस्लाम क़बूल करे वह मुनाफ़िक होता है। यह नाजायज़ है।"

"ठीक कह रहे हैं डाक्टर साहब" शाकिर ने शब्बीर को बताते हुए कहा।

डा० राधेश्याम बोले - "अगर पुराने वक्त में किसी मुग़ल शासक ने ऐसा किया है तो केवल अपनी राजनीति के अधीन किया है। अपना राज्य फैलाने को। वह कदापि धर्म संगत नहीं कहा जा सकता।"

"वो तो है ही।" शाकिर ने हामी भरी।

"तीसरा तरीक़ा है पलायन का जो" – कहते-कहते डाक्टर साहब रुक गए।

शाकिर भी चौंक पड़े और शब्बीर भी। वह नहीं चाहता था कि यह बात शाकिर के सामने खुले। परन्तु डाक्टर साहब तो निरंकुश बोल रहे थे।

"पलायन। समझे। यानी आप जिस धर्म में हों उसकी व्यवस्था से दुखी होकर धर्म बदल लें।"

शाकिर तो कुछ भ्रमित ही थे पर शब्बीर ने सोचा जब बात हो ही रही है तो फिर खुलकर ही बात करूँ। वह बोला–

"तो फिर आदमी क्या करे? घुटता रहे, पिसता रहे, मरता रहे।"

"अच्छा यह बताओ अगर तुम्हारा घर गन्दा हो जाए तो क्या उसे छोड़कर दूसरा घर ले लोगे? या उसकी सफ़ाई कराओगे, पुताई और पेन्ट कराओगे। डाक्टर साहब ने प्रश्न का एक वार शब्बीर पर किया। इससे पहले शब्बीर कुछ कहे शाकिर बोल उठे–

"बेवकूफ लोग घर छोड़ देंगे और अक़्लमन्द सफ़ाई कराएँगे।"

डा० राधेश्याम ने कहा – "या यूँ भी कह सकते हैं कि कमज़ोर आदमी घर छोड़ देगा व दूसरा घर खोजने निकलेगा व ताक़तवर घर की सफ़ाई कराएगा।"

"हाँ, यह भी ठीक है।"

शाकिर भाई बोल तो ज़रूर रहे थे पर पूरी बात अभी उनके भेजे में थी नहीं। शब्बीर को आत्मग्लानि होने लगी थी।

डाक्टर साहब शब्बीर को समझाते हुए बोले "और देखो कमज़ोर

की इ़ज़्ज़त कहीं नहीं होती। कहीं चले जाओ किसी भी घर में रहो कोई नहीं पूछता। क्यों शब्बीर क्या ग़लत कह रहा हूँ?"

"नहीं, बिल्कुल सच है।"

"तो कमज़ोर को चाहिए अपने घर में रहकर ही ताक़त पैदा करे और कर डाले घर की सफ़ाई। और भी समझो, ताक़त केवल शारीरिक नहीं होती, मानसिक भी कुछ होती है।"

शब्बीर और शाकिर दोनों ने सहमति में हामी भरते हुए गर्दन हिलाई।

"आज के समय में जो कमज़ोर है, उपेक्षित है, पिछड़ा है, वह ख़ुद भी अपनी हालत के लिए ज़िम्मेदार है। चार पैसे मिले, लगा दिए जुए में, शराब में।"

"बिल्कुल सच कह रहे हैं आप," शब्बीर बोले।

"वही पैसे बच्चों की पढ़ाई में लगा दें तो जीवन सुधर जाए। हो रहे हैं दस-दस बच्चे। गुनाह ईश्वर और अल्लाह का। अरे उसने बुद्धि दी है, ख़ुद सोचो कि जब कमाई इतनी नहीं है तो कहाँ से उन्हें खिलाओगे, पढ़ाओगे?"

शाकिर ने टोका, "यहाँ मैं तुमसे इत्तिफ़ाक नहीं रखता। बच्चे तो अल्लाह देता है। बच्चे देता है तो उन्हें खाने को भी वह देता है। तुमने देखा नहीं अल्लाह ने दो हाथ दिए हैं कमाने को और खाने को मुँह एक। अगर थोड़ा-थोड़ा भी कमाया तो मुँह तो भर ही जाएगा।"

"कितना खोखला है यह तर्क? केवल पेट भरने को ही अल्लाह ने भेजा है क्या? विकास भी कुछ होता है, पढ़ाई-लिखाई भी कुछ होती है। दुनिया चाँद पर जा चुकी है, अब मंगल की तरफ निगाह है और

हमारे समाज में बस पेट ही की तरफ निगाह है सबकी" डाक्टर साहब ने बड़े प्रभावशाली ढंग से कहा था। शाकिर जानते थे कि तर्क डाक्टर का मज़बूत है। ग़लत बात पर अटकने की उनकी आदत भी नहीं थी। बोले–

"हाँ, कुछ हद तक तो सही कह रहे हो।"

डा० राधेश्याम ने विषय पर आते हुए कहा – "तो मैं सिर्फ़ इतना कह रहा था शब्बीर, कि पलायन ग़लत है। चौथा तरीका है सोच का, समझ का। समझे......।"

"जी नहीं।"

"मतलब यह कि अगर एक धर्म का व्यक्ति दूसरे धर्म को पढ़े, समझे और उसे दूसरा धर्म अच्छा लगे तो बदल ले।" डाक्टर साहब ने समझाते हुए कहा। वे आगे बोले–

"तुम्हारे इस्लाम में इसको कहते हैं मुस्लिम होना। यानी पहले तीन तरीकों से मुनाफ़िक या यूँ कहूँ झूठे या आडम्बरी बनते हैं व चौथे तरीके से सच्चे धार्मिक। यह इस्लाम ही नहीं सभी धर्मों के लिए कह रहा हूँ। झूठे आडम्बरी धर्म को सदा नुकसान पहुँचाते हैं और सच्चे धार्मिक धर्म को लाभ पहुँचाते हैं।"

शाकिर भाई अपने को रोक नहीं सके। वे समझे नहीं थे कि असल बात क्या है? अतः पूछ ही बैठे–

"मसला है क्या?"

डाक्टर साहब ने बात को स्पष्ट करते हुए कहा "एक आदमी धर्म बदलना चाहता है। मुझसे सलाह लेने आया था। मैंने उससे कहा पहले धर्म को समझो। अगर अच्छा लगे माना लो, अच्छा न लगे मत

माननां। शब्बीर के सामने ही आया था तो वहीं से बात शुरु हो गई थी।"

शब्बीर ने राहत की साँस ली। वह नहीं चाहता था कि उसकी मनःस्थिति का डाक्टर साहब के अतिरिक्त किसी को भी पता चले।

डाक्टर साहब ने आगे कहा-

"सभी धर्म अच्छे हैं। सभी में एक ही बातें हैं। मानवता, बड़ों का आदर, छोटों से प्यार, असहाय के प्रति सहानुभूति, तक़लीफ़ में कोई हो तो उसकी सेवा। आपसी प्रेम और सबसे ऊपर ईश्वर में या प्रकृति में अटूट विश्वास। अन्तर है कहाँ? आदमी की कमज़ोरी है कि इधर-उधर भागता फिरता है। जहाँ है वहीं रहे। उसी धर्म की गहराई में जाए। अगर हम अपने-अपने धर्मों की गहराई में चलते जाएँ तो सभी के सभी एक स्थान पर मिल जाएँ क्योंकि जड़ तो एक ही है। एकं सद् विप्रा बहुली वदन्ति..। क्यों शाकिर भाई?"

शाकिर ने कहा - "और नहीं तो क्या। बेवजह लड़ते फिरते हैं।"

डाक्टर साहब आगे बोले, "समस्या तो तब आती है जब हम अपने ही धर्म का अर्थ जानबूझ कर भुला देना चाहते हैं और अपने स्वार्थ के लिए नई व्यवस्था समाज पर थोप देते हैं। जैसे हमारे यहाँ मूल वैदिक धर्म में जिसे हम हिन्दू धर्म कह सकते हैं जाति-व्यवस्था है ही नहीं पर थोप दी गई है......

शाकिर खड़े होते हुए ख़ूब हँसे और बोले-

"वही ढाक के तीन पात। आ गए न तुम घूम फिरकर वहीं अपने राग पर। वही जातिविहीन समाज का राग। लगता है पगला गए हो तुम।"

सभी खड़े हो गए और शाकिर भाई की बात सुनकर हँस पड़े। चलते हुए डाक्टर साहब ने शब्बीर की तरफ देखकर इतना ही कहा "समझे तुम.......।"

●●●

# नये युग की आहट...

इतवार का दिन है। हाँ, छुटटी का दिन। आमतौर पर तो डाक्टर शनिवार को क्लीनिक बन्द रखते हैं, पर डाक्टर राधेश्याम शुरु से ही इतवार को क्लीनिक की छुटटी रखते हैं। सुबह १० बजे से १ बजे तक मण्डली बैठती है। समाज के नियमों की, कुरीतियों की पूरी उधेड़-बुन होती है। बड़े मनोरंजक होते हैं इन लोगों के वार्तालाप। इस मण्डली के वे ही सब सदस्य हैं। अरे ये ही बृज भूषण, शाकिर आदि। अब मण्डली में शब्बीर भी शामिल हो गए हैं। बाकी लोगों में हैं-सरदार जसविन्दर सिंह, तेग सिंह, राम भरोसे, ओम प्रकाश गुप्ता, प्रकाश चन्दोला। इनमें राम भरोसे थोड़े नेता टाइप हैं। नेता राजनीति के बिना। चौंके न आप। हाँ, पर ऐसा ही है। आप हरिजन हैं और हरिजनों के उत्थान के लिए दिन भर भागते दौड़ते हैं। अपनी प्रेस चलाते हैं। उसमें खुद तो बहुत कुछ करना नहीं होता। आदमी रख छोड़े हैं। इन्हीं भाग दौड़ों ने उन्हें अपने आसपास के क्षेत्र में लोकप्रिय बना दिया है। सब उन्हें नेता जी कहने लगे हैं।

आज की मण्डली में बृजभूषण उपस्थित नहीं है। आज उनके घर के पास के मन्दिर में एक छोटा-सा ज़लसा है। वहाँ गए हैं। वास्तव में "रामलला" की एक नई मूर्ति स्थापित की जा रही है। भजन कीर्तन का कार्यक्रम है। काफ़ी लोगों को बुलाया गया है। बहुत अधिक

लोगों को तो नहीं बुलाया गया। मैनेजमेन्ट के पास ख़र्चे के पैसे की कमी है। फिर कार्यक्रमों में प्रसाद खाने आ तो काफ़ी लोग जाते हैं, पर देने के नाम पर जीरो। तो क्या फ़ायदा हंगामा कराने से। आसपास के लोग ही बुलाए गए हैं। वे ही तो भविष्य में भी आते रहेंगे और दान आदि देंगे।

डाक्टर राधेश्याम भाग्यशाली हैं। थोड़ा दूर रहने पर भी आमंत्रित किए गए हैं। पर डाक्टर साहब गए नहीं हैं। एक तो यह मण्डली का समय है फिर आपको मूर्तिपूजा में विश्वास नहीं है। विरोध तो करते नहीं पर स्वयं नहीं मानते, तो नहीं मानते। कहते हैं मूर्तिपूजा का प्रचलन व उसका बढ़ावा देना एक तरह का धन्धा बन गया है। आपका मत है कि यह हिन्दू मत के अनुरूप नहीं है। इस प्रश्न पर कोई अधिक बहस करता है, गरमा जाता है तो आप कहते हैं "भय्या लड़ो मत। तुम जो ठीक समझो करो। मेरी तो बुद्धि यही मानती हैं; तुम न मानो तो न मानो।" पर मन्दिर में जाने से आपको परहेज़ नहीं है। रेखा व बच्चों के साथ कभी-कभी जाते तो हैं, पर मूर्ति के सामने सिर नहीं झुकाते। कहते हैं "मेरा ईश्वर तो सभी जगह है तो इस मूर्ति के सामने पैसे फेंकने से व सिर झुकाने से क्या लाभ? पैसे ग़रीबों के फ़ायदे में खर्च करो तथा हृदय में विद्यमान प्रभु के सामने ही सिर झुकाओ, मानवता के सामने सिर झुकाओ।"

एक बार एक मित्र ने पूछा, "तो आप यहाँ आते ही क्यों हैं?"

"अपनी पत्नी की ख़ातिर और दूसरे मन्दिर आने वालों की ख़ातिर।"

"क्या मतलब?"

"इस बहाने धर्मप्रेमियों से चर्चा हो जाती है। विचारों का आदान-प्रदान हो जाता है। ज्ञान बढ़ता है। ये हमारे भाई ही तो हैं। अगर मूर्तिपूजा भी करते हों तो भी बैर कैसा? हमारे धर्म ने अपने विचारों की स्वतन्त्रता की छूट तो इन्हें भी दे रखी है।"

हाँ, तो बात चल रही थी मन्दिर के मूर्ति-स्थापना के कार्यक्रम की। डाक्टर राधेश्याम ख़ुशनसीब हैं तो कोई बदनसीब भी है। मन्दिर के पास एक वाल्मीकि बस्ती है। वहाँ के लोगों के पास "निमन्त्रण-पत्र" नहीं भेजे गए हैं। एक सदस्य ने जब धीरे से चेयरमैन साहब के सामने वाल्मीकिपुरम वालों को निमन्त्रण भेजने का प्रस्ताव रखा था, पिछली सभा में ही तो रखा था; तो सबने एक साथ कहा था "लाउड स्पीकर पर एनाउंस तो होगा सब आमन्त्रित हैं, अलग से निमन्त्रण-पत्र भेजने की क्या आवश्यकता है?" सब चुप हो गए थे।

लेकिन वाल्मीकिपुरम के लोग आहत हैं। उनका लीडर खेमा कहता है-

"अरे भाई हम वाल्मीकि हैं न, इसीलिए नहीं बुलाया है। वरना निमन्त्रण सब जगह भेजे हैं तो यहाँ भी भेजते।"

"फिर हमें क्या मतलब इनके राम मन्दिर से? हमारा तो वाल्मीकि मन्दिर ज़िन्दाबाद है।"

बस एक टीस-सी है कि बुलाया नहीं, बाकी कुछ ख़ास नहीं।

मन्दिर परिसर में भीड़ आ चुकी है; जितनी भी आनी थी। श्रीमती बृज भूषण यानी श्रीमती टीना भूषण ने बृज भूषण से पूछा,

"सुनो जी, कब शुरु होगा कार्यक्रम?"

"अभी बस होने ही वाला है।"

"क्या कार्यक्रम है?"

"पहले मन्त्रोचारण के साथ राम-लला की मूर्ति रखी जाएगी। आरती होगी। पण्डित जी राम-चर्चा करेंगे और फिर भजन-कीर्तन। भजन-कीर्तन तो शाम तक चलेंगे।"

"क्या शाम तक का प्रोग्राम है?" टीना ने सोचा कि घर का काफ़ी काम रह जाएगा।

"हाँ, प्रोग्राम तो शाम तक चलेगा; लेकिन जिसे जाना हो प्रसाद लेकर चला जाए।" बृजभूषण टीना की समस्या को समझते हुए बोले।

चेयरमैन साहब टीना के दूर के रिश्तेदार भी लगते थे। टीना ने प्रस्ताव किया-

"आज भाई साहब से कह दो कि खाना हमारे घर ही खा लेंगे।"

"आज वे नहीं खा सकेंगे।" बृज बोले।

"लेकिन क्यों?"

"आज इन्होंने आधे घन्टे बाद ही एक मीटिंग बुला रखी है। ट्रस्ट के सभी मन्दिरों के पण्डित व सदस्य आए हैं। मीटिंग के बाद उनके खाने का भी प्रबन्ध है।"

"तो वैसे ही आ जाएँ। चाय पी लेंगे।"

"वो ठीक रहेगा। मैं कह दूँगा।"

"पर अब प्रोग्राम आरम्भ होने में देरी क्यों हो रही है?"

"अभी मूर्ति सजाई जा रही है। पहले गंगाजल से नहलाया गया होगा, फिर तैयार करेंगे। तुम तनिक प्रतीक्षा करो, लाते ही होंगे।" बृजभूषण ने धैर्य बँधाते हुए कहा।

लो मूर्ति आ भी गई। स्थापित की जा रही है। मन्त्रोच्चारण

आरम्भ हो गया है। सभी प्रसन्नता से भाव विभोर हैं। उचक-उचककर देखने का प्रयत्न कर रहे हैं कि मूर्ति को कैसे स्थापित करते हैं। लो मूर्ति स्थापित हो गई और अब आरती होगी।

आरती पूरी करके पण्डित जी ने कहा, "आप सभी भक्तगण अपने स्थान पर बैठ जाएँ। अब मैं आपसे राम-चर्चा करूँगा।"

सभी शान्तिपूर्वक अपने स्थान पर बैठ गए।

"राम, विष्णु भगवान के सातवें अवतार थे। आपने माता कौशल्या को माँ और राजा दशरथ को पिता स्वरूप चुनकर अमर कर दिया।"

जगत ने खड़े होकर पूछा, "पण्डित जी बाकी अवतार कौन-से हैं?"

पण्डित जी की भृकुटि तन गई। "यह कौन बीच में टोकता है?"

पण्डित जी फिर भी अपने को संयमित रखते हुए बोले-

"वह भी बताता हूँ पर सभी भक्तगण सुन लें कि बीच में कोई नहीं बोलेगा। यह अनुचित है। जो उचित होगा मैं स्वयं ही बता दूँगा। समझे आप लोग। जय श्री राम।"

सभी भक्तगण बोल उठे - "जय श्री राम।"

पण्डित जी को डर था, कोई ऐसा-वैसा सवाल पूछ लिया तो मिट्टी पलीत होगी। 'मैं कौन धर्म और संस्कृति में पी.एच डी. हूँ। मुझे तो पूजा के मन्त्र आते हैं। गीता-रामायण कण्ठस्थ है।' और चाहिए भी क्या? एक पण्डित से। ख़ैर, वे बोले -

**"यदा-यदा ही धर्मस्य ग्लानिर्भवति भारत।**
**अभ्युत्थानमधर्मस्य तदात्मान सृजाम्यहम।।**

यानी जब-जब धर्म का नाश होता है और अधर्म बढ़ जाता है तो विष्णु भगवान अवतार लेते हैं। इसलिए समय-समय पर उन्हें अवतार लेने पड़े। विष्णु भगवान ने अब तक नौ अवतार लिए हैं, गिनिए....

पण्डित जी सोच में थे कोई रह न जाए; अतः उँगली जेब में डाले पोरुओं पर गिनते जा रहे थे और धीरे-धीरे बोल रहे थे-

"मत्स्य, वराह, वामन, नरसिंह, कछुआ, परशुराम तो राम से पहले हुए। त्रेता में राम, द्वापर में कृष्ण फिर गौतम बुद्ध नौ हुए, अब और कलियुग में कलकी अवतार होना बाकी है.....

जगत के मन में कई सवाल घूम रहे थे, जो वह पूछना चाहता था। जब ईश्वर स्वर्ग में बैठे-बैठे पूरे ब्रह्माण्ड का निर्माण कर सकते हैं; जीवन, मृत्यु सब उन्हीं के हाथ में है तो चन्द अधर्मियों के नाश के लिए स्वयं अवतार क्यों लेना पड़ता है? ईश्वर वहीं रहकर ही उन्हें मार क्यों नहीं देते? और सबसे बड़ी बात तो यह कि ईश्वर की इच्छा के विरुद्ध ऐसे लोग पैदा ही क्यों होते हैं? क्या ईश्वर के अतिरिक्त कोई और भी शक्ति है जो अधर्मियों को पैदा करती है?

– अवतारों का सही क्रम यही है क्या?

– भगवान को मछली, वराह, कछुआ क्यों बनना पड़ा? राम की भाँति आदमी के रूप में ही अवतार क्यों नहीं लिया?

– एक ही समय पर दो अवतार क्यों हुए यानी परशुराम व राम? उसने सुना था कि जब राम ने शिव धनुष तोड़ दिया था तो परशुरामजी क्रोध में आए थे।

– एक अवतार यानी परशुराम ने दूसरे अवतार भगवान राम पर क्रोध क्यों किया?

– गौतम बुद्ध तो भगवान को ही नहीं मानते थे फिर खुद अवतार कैसे हुए? आदि आदि।

परन्तु पण्डित जी ने पहले ही आगाह कर दिया था इसलिए हिम्मत नहीं जुटा पाया। जब वह प्रश्न पूछने खड़ा हुआ था तो पण्डितजी के अतिरिक्त उसने चारों ओर से गुस्से से घूरती हुई अनेक आँखें भी तो देखी थी। अतः वह मन मसोसकर सभी कुछ चुपचाप सुनता रहा।

रामचर्चा आदि सब हो गए। अब भजन शुरु हो गए। गुलज़ारी लाल जी सभी सदस्यों को इशारा करके बोले-

"भजन होने दीजिए। आप सब दूसरे मन्दिरों के पण्डित महाराज व सदस्य सभा कक्ष में आ जाएँ कुछ चर्चा कर लें।"

मन्दिर में पण्डित जी को छोड़कर प्रबन्ध-समिति के सभी सदस्य सभा कक्ष में चले गए। भजन शुरु हो गए,

"जै जै राम रघु राई...
जै जै राम रघु राई...
जै जै कृष्ण कन्हाई
जै जै कृष्ण कन्हाई
जै जै राम रघु राई...

सभी भाव विभोर झूम रहे थे। जगत ने देखा कि सबके साथ नई स्थापित की हुई मूर्ति भी झूम रही है। सभी ने देखा ख़ाली जगत ने ही नहीं।

अरे ये तो सभी मूर्तियाँ झूमने लगीं। चमत्कार....। और दीवारें भी....। ये कोलाहल, ये कैसा चमत्कार। जगत को आभास होते देर

नहीं लगी कि वह चमत्कार नहीं वरन भूकम्प है। वह भजन के बीच ही चिल्ला उठा

"अरे....। भूचाल.....। भागो।"

सभी की समझ में आ चुका था। हड़कम्प मच गया। सभी चिल्ला-चिल्लाकर भागे। हाँ, पण्डित जी भी चौकी पर से धोती सँभालते कूद पड़े। यह सभी जानते थे कि जब कभी भूकम्प आए तो खुले में आ जाना चाहिए। सभी पहले "मैं" पहले "मैं" की नीति से बाहर निकलने का प्रयत्न कर रहे थे। पण्डित जी सबसे पीछे रह गए।

"ज़ोर की गड़गड़ाहट हुई। गरड़.....गरड़.... धम्म....धम्म.... ठर र र र र र र ड़.... अरे यह क्या, सभा कक्ष की छत ढह गई।

पण्डित जी चिल्लाते हुए बाहर आए, पसीने पसीने....

"भागो, छत गिर गई छत गिर गई, भागो।"

लगभग ३५ सैकेण्ड चला भूकम्प का झटका। ख़ासा ज़ोर का था। भूकम्प रुक गया तो सबकी जान-में-जान आई। किसी ने कहा कि मीटिंग वाले लोग नहीं दीख रहे हैं।

"देखो चारों तरफ कहाँ हैं" बृज बोले।

किसी ने कहा "मैंने तो पहले ही सारी जगह देख लिया है। मुझे तो लगता है मीटिंग सभा कक्ष में चल रही थी जिसकी छत गिरी है,

अभी वह बात पूरी भी नहीं कर पाया था कि टीना चिल्ला उठी "भाई साहब....."

कोलाहल मच गया। आज कमैटी के सदस्यों के परिवार भी आए हुए थे। चीख पुकार मच गई। रोना पीटना तो होना ही था। महिलाएँ व बच्चे भयंकर विलाप कर रहे थे और मर्द लोग परेशान कि क्या करें?

अब तक यह स्पष्ट हो गया था कि सभी लोग जो मीटिंग में बैठे थे मलबे में दब गए हैं। बचने की कोई सम्भावना नहीं है पर प्रयत्न तो करना ही है....

"फ़ायर ब्रिगेड को बुलाओ" जगत बोला।

पूरी कमाण्ड अब बृजभूषण ने अपने हाथ में ले ली।

"हाँ ठीक है। जगत तुम्हीं जाओ। तुरन्त फोन करो। नम्बर पता है?"

"नहीं,"

"देख लेना। डायरेक्ट्री में न मिले तो १९७ से पूछना। जल्दी जाओ। स्कूटर क्यों खोल रहे हो? अग्रवाल साहब, ये सामने वाले; इनके घर से करो न।"

"अच्छा जाता हूँ" जगत दौड़ गया।

"भाभी जी आप लोग घबराए न, भगवान रक्षा करेंगे।" बृज विलाप करती महिलाओं की तरफ देखकर ढाँढस बँधाने लगे।

एक बोला- "बस दुआ करो।"

दूसरा बोला- "ऐम्बुलैन्स को बुलाओ।"

तीसरा - "एम्बुलैन्स क्या ख़ाक करेगी? क्या मलबा हटाएगी। पहले मलबे से निकालो तो इन्हें। पता नहीं ज़िंदा भी हैं या मर गए।"

यह सुनकर तो महिलाएँ और बिलख पड़ीं। बृज ने उस आदमी को धमकाते हुए कहा,

"पागल हो गए हो। अक़्ल नहीं है। शुभ-शुभ बोलो।"

जगत लौट आया और बोला-

"नहीं मिली। कहीं आग लग गई थी तो दो फ़ायर ब्रिगेड वहाँ

चली गईं और दो खराब पड़ी हैं। आज इतवार है अतः उन पर आदमी भी नहीं हैं।"

बृज ने कहा, "फ़ायर ब्रिगेड तो ठीक होंगी पर स्टाफ नहीं होगा इसलिए टाल दिया। सत्यानाश अब क्या किया जाए....?"

आवाज़ आई, "पुलिस को ख़बर कर दो वही कुछ प्रबन्ध करेगी।"

"ठीक, यही करो" बृज ने स्वीकार किया "इसके लिए तो यार अनिल शर्मा तुम जाओ।" अनिल ने तुरन्त स्कूटर स्टार्ट किया और चल दिया। जगत भी कूदकर पीछे बैठ गया।

दोनों तेजी से थाने पहुँचे। थाने का मुख्य द्वार खुला था। स्कूटर एक ओर खड़ा किया। एक सिपाही पास ही खड़ा अपना डण्डा साफ़ कर रहा था। जितनी देर में अनिल स्कूटर खड़ा करता जगत ने सिपाही के पास जाकर पूछा–

"एस.ओ. साहब कहाँ हैं?"

"गश्त पर हैं।"

"और कोई है?"

"आपको काम क्या है?" सिपाही ने पूछा।

"छत गिर गई है।"

सिपाही हँसा और बोला– "छत गिर गई है? तो बिल्डिंग के ठेकेदार के पास जाओ। ये थाना है।" फिर भी अन्दर की तरफ बैठे आदमी की तरफ उँगली करके बोला– "वहाँ जाओ।"

वे दौड़कर अन्दर पहुँचे। अन्दर दरोगा जी बैठे थे।

अनिल ने दरोगा की ओर देखकर कहा, "दरोगा जी सुनिए ज़रा",

"हाँ सुन रहा हूँ, बोलो।"

"भाई साहब, मन्दिर की छत गिर गई।"

दरोगा ने अपने स्थान से बिना विचलित हुए व बिना किसी भाव के नीचे देखते हुए पूछा-

"छत गिर गई? कौन से मन्दिर की?"

"ये वर्मा नगर वाले मन्दिर की।"

दरोगा ने बड़े धैर्य के साथ पूछा, "पूरा बैठ गया क्या?"

"नहीं, बस मन्दिर के सभा कक्ष की छत गिरी है।"

दरोगा जी पैर फैलाए बैठे थे। थोड़ा पैर सिकोड़, कमर सीधी की, नज़र उठाई और बोले -

"कुछ लिख कर लाए हो?"

"नहीं,"

"क्यों?"

"समय ही कहाँ था?"

"कितना समय लगता है चार लाइन लिखने में?"

अनिल ने अपने को संयमित रखते हुए कहा,

"अब लिख देते हैं। बताइए क्या लिखना होता है।"

दरोगा ने घूरकर अनिल की तरफ देखा "बैठो, अब मैं ही लिख लूँगा।" फिर धीरे से अपनी जेब से कलम निकालते व डायरी खोलते हुए कहा-

"यह भी मैं बताऊँ क्या लिखना है?"

डायरी खोली एक नए पन्ने पर लिखा, "मन्दिर की छत गिर गई - पता मौहल्ला वर्मा नगर।" फिर आगन्तुकों की ओर देखकर पुलिसिया अन्दाज़ में पूछना शुरु किया।

"मन्दिर किसका है?"

"राम का" जगत बोला।

दरोगा ने जगत की ओर घूरा "राम का।.... राम ने बनवाया है इसको?"

जगत अब समझा कि दरोगा क्या जानना चाहता है?

"नहीं ट्रस्ट का है।"

"कौन है ट्रस्टी?"

"ट्रस्टी का तो पता नहीं पर चेयरमैन गुलज़ारी लाल जी मित्तल हैं।"

"बाप का नाम" दरोगा ने गुलज़ारी लाल का नाम लिखकर पूछा,

"मुकन्दीलाल मित्तल।"

"पता?"

"३०४, बनिया कुटी।"

"कब बना था मन्दिर?"

"मन्दिर का तो पता नहीं। पुराना है काफ़ी। पर यह सभा कक्ष जिसकी छत गिरी है, अभी एक-डेढ़ साल पहले ही बना था।"

दरोगा ने थोड़ा विस्मय से कहा, "पुराना मन्दिर ढहा नहीं, डेढ़ साल पहले बना कमरा ढह गया?"

"जी हाँ, ऐसा ही हुआ," जगत बोला।

दरोगा ने व्यंग्यात्मक भाव से कहा "खा गए होंगे माल। चेयरमैन और ठेकेदार।" फिर पूछा-

"कौन था ठेकेदार?"

"शायद रादेश था"

दरोगा ने फिर व्यंग्य किया।

"रादेश? यह भी कोई नाम हुआ। राकेश होगा।"

अनिल व जगत को झुँझलाहट होने लगी। एक ओर तो उनके मन में चिंता थी कि कैसे दबे हुए आदमियों को निकाला जाए और दूसरी ओर इस दरोगा की बकवास। फिर भी अपने को काबू में रखते हुए अनिल बोला-

"जहाँ तक मेरा ख़याल है रादेश ही था।"

"अच्छा, उसके बाप का नाम?"

"पता नहीं।"

"पता?"

"पता नहीं।"

दरोगा ने गुस्से में कहा, "कुछ पता भी है या यूँ ही परेशान करने आ गए।"

अब अनिल व जगत के संयम का बाँध भी टूटने लगा, वे थोड़ा गर्मी में, खड़े होते हुए बोले-

"आपको मतलब की बात पूछनी हो तो पूछें नहीं तो हम जाएँ आगे।"

दारोगा ने गुस्से में उन्हें देखा। कुछ सोचा फिर बड़बड़ाया-

"जाएँ आगे! आगे कहाँ? कप्तान साहब के पास जाएँगे, मेरी रिपोर्ट करने? आधी अधूरी बात लेकर आ गए ऊपर से आगे का तुर्रा;" दरोगा ने अपने सिपाही को आवाज़ लगाई।

"अरे सुनो भाई इन्द्रजीत। जीप ले जाओ और साथ दो सिपाही भी लेते जाओ। पकड़ लाओ साले गुलज़ारी लाल को, बन्द कर दो। ये ठेकेदार मिल जाए तो उसे भी लेते आना।"

अनिल व जगत का क्रोध अब आपे से बाहर हो गया। पूरे आक्रोश में बोले-

"ज़िंदा होंगे तो बन्द करोगे न। दबे पड़े हैं दस लोग मलबे में।"

दरोगा भी झल्लाया,

"तो क्यों आ गए रिपोर्ट लिखाने? मैं क्या मरे के ख़िलाफ मुक़दमा लिखूँ?"

"हम मुक़दमा लिखाने आएँ हैं कि उन्हें मलबे से निकलवाने की व्यवस्था करवाने?" जगत व अनिल ने गुस्से से तमतमाते हुए कहा।

दरोगा भी चिल्लाया, "ये क्या रेडक्रास का दफ़्तर है जो मलबे से निकालने की व्यवस्था करें? ये थाना है।"

जगत ने फुंफकारते हुए कहा, "ऐसे ही लोगों ने बदनाम कर रखा है पुलिस डिपार्टमेन्ट को।"

"बहुत बोल रहा है। इसे ही बन्द कर दो पहले।" दरोगा ने सिपाही की तरफ़ देखते हुए कहा।

दाल गलती न देखकर व समय की नाज़ुकता को दखेते हुए अनिल व जगत झगड़ा बढ़ाना नहीं चाहते थे। गालियाँ बड़बड़ाते वे वापिस हो लिए।

सिपाही ने अपना रोब दिखाते हुए डण्डा जमीन पर ही दे मारा। सिपाही और दरोगा दोनों शरीफ़ थे। वरना कहते बाद में, पहले बन्द कर देते और जमकर पिटाई करते। दरोगा ने अनिल व जगत को जाते देख सिपाही से केवल इतना ही कहा-

"अब की आएँ तो बन्द कर देना इनको......."

## (२)

मन्दिर के आसपास बड़ी भीड़ जमा हो गई थी। अनिल व जगत को आते देख बृज ने उत्सुकता से पूछा - "क्या हुआ?"

अनिल - "होता क्या ......?"

अनिल ने पूरा वृतान्त बता दिया। बृज ने सोचा ऐसे समय गुस्सा करना, वो भी पुलिसवालों पर....बेकार है। पर दरोगा ने रेडक्रास की बात ख़ूब कही है। वह बोला-

"तो रेडक्रास के दफ़्तर का पता करो न।"

किसी को रेडक्रास का दफ़्तर नहीं पता था। डायरेक्ट्री में देखा तो आर या सी में भी कोई फोन नम्बर नहीं मिला। फिर भी कुछ लोग पता करने दौड़ने लगे।

उधर महिलाओं का विलाप जारी था। श्रीमती शर्मा ने रोते हुए कहा-

"भय्या कुछ करिए न, आप लोग तो कुछ कर ही नहीं रहे हैं।"

बृजभूषण - "भाभी जी पूरी भाग-दौड़ तो कर रहे हैं, पर ईश्वर साथ नहीं दे रहे हैं। फिर भी हिम्मत रखें।"

श्रीमती गुलज़ारी लाल बोलीं, "आप इतने लोग हैं आप ही मलबा हटा कर देखिए न, शायद अभी साँसे चल रही हों।"

टीना ने भी कहा, "आप लोग तो उन्हें ख़तम हुआ ही समझ बैठे हैं, यह मलबा हटाइए ना।"

बृज को भी लगा कि जब कोई मदद नहीं मिल रही तो स्वयं ही कुछ किया जाय। वह बोले-

"तुमने ठीक कहा टीना, हम करते हैं।"

उन्होंने उपस्थित लोगों की ओर निगाहें दौड़ाई फिर कुछ लोगों को पहचानते हुए बोले-

"आओ भाई सुरेश, वर्मा जी, नारंग, दिनेश, किशोरी, भारद्वाज साहब, शर्मा जी और भी जो हिम्मत वाले हों आ जाएँ और मलबा हटाना शुरु करें। बाकी लोग पीछे हटें।

कोई सामने नहीं आया। बृज फिर बोले "अरे आओ न।"

भारद्वाज साहब थोड़ा निकलकर सामने आए और बोले "कुछ दिमाग़ भी चल गया है क्या? जो गया सो गया ही, बाकियों को भी मरवाना है?"

रोना भूल सब भारद्वाज साहब की बात सुनने लगे। बृजभूषण हतप्रभ थे...। भारद्वाज ने बृजभूषण की तरफ़ देखकर फिर कहा, "दिखाई नहीं देता ये जगह-जगह सरिया व पत्थर लटक रहे हैं कभी भी गिर सकते हैं। जो मलबा हटाने गया वह भी मरा।"

यह कहकर वे तो खिसक लिए। धीरे-धीरे लोग तमाशा देखकर खिसक जाते हैं। बार-बार आह्वान करने पर भी कोई सामने आने को तैयार नहीं था।

## (३)

गुलज़ारी लाल की बेटी आशा एम.ए. द्वितीय वर्ष की छात्रा थी। उसकी कक्षा में एक सुडौल, जवान लड़का विनोद भी पढ़ता था। विनोद और आशा के बीच आकर्षण था। आशा विनोद को हृदय से चाहती थी। वे लाइब्रेरी में साथ-साथ ही पढ़ते थे। पढ़ते-पढ़ते बहुत-सी बातें भी होती रहती थीं।

आशा ने यह बात अपनी माँ से भी बताई थी। माँ तुरन्त गुलज़ारी लाल के पास जाकर बोलीं–

"सुनते हो...... आशा ने प्रेम सम्बन्ध जोड़ा है.....।"

"आशा ने प्रेम किया है? मेरी इज़्ज़त मिट्टी में मिलवाएगी क्या?"

"अभी तो पूरी बात नहीं सुनी तुमने। पूरी सुन लोगे तो सिर ही दीवार में दे मारोगे....."

"क्यों ....क्या.... वह प्रेम में बहुत आगे बढ़ गई है.....।"

"अरे नहीं। बात तो सिर्फ़ लाइब्रेरी में गुपचुप बातें करने तक ही है। पर जानते हो प्रेम किससे किया?"

"बताओ न..... क्यों बातों को घुमा रही हो?"

"खेमा को जानते हो? वही वाल्मीकियों का नेता.....उसके बेटे विनोद से।"

"क्या पागल हो गई है ये लड़की....."

"जो भी कहो।"

"उससे कह दो। ये प्रेम-व्रेम नहीं चलेगा मेरे घर। मेरे घर इन चक्करों से दूर रहे.... वरना उसे, विनोद और खेमा तीनों को भुगत लूँगा। ये उसे सख़्ती से बता देना।"

आशा की माँ भी आशा से बहुत नाराज़ थीं। इसलिए नहीं कि उसने प्रेम क्यों किया वरन इसलिए कि उसे एक निर्धन वाल्मीकि के सिवा और कोई नहीं मिला। वैसे आजकल प्रेम-विवाह बड़े अच्छे रहते हैं। कोई लेन-देन नहीं होता। वरना सामान्य रूप से विवाहों में तो लाखों खर्च होते हैं। दहेज़ में ही कई लाख देने पड़ते हैं.... पर प्रेम भी तो देख-भाल के, जाति-बिरादरी देखकर करना चाहिए।

लेकिन प्रेम तो चीज़ ही ऐसी है जो सोच-विचार की क्षमता ही समाप्त कर देती है। सोच-विचार कर जाति-बिरादरी देखकर तो प्रेम का नाटक किया जा सकता है, प्रेम नहीं।

आशा की माँ ने आशा को साफ़ कह दिया विनोद से मिलना छोड़ दे व उसका नाम भी ज़बान पर न लाए। "अगर तेरे पिता को पता चल गया तो कॉलिज-वालिज सब छुड़वाकर घर बैठा देंगे।"

आशा का मन तो प्रेम विह्वल था। उसने न तो अमीर ग़रीब का सोच था और न ही जाति, बिरादरी का। उसे तो विनोद के गुण दिखाई देते थे। हृष्ट-पुष्ट जवान, पढ़ाई में अच्छा.... दिलेरी में सबसे आगे.... खेलकूद में भी सदैव इनाम पाता था। उसने यह भी अहसास कर लिया था कि विनोद के साथ विवाह के लिए उसके माता-पिता कभी तैयार नहीं होंगे। प्रेमावेश में एक दिन तो उसने विनोद से प्रस्ताव भी कर दिया था "चलो विनोद.... हम दोनों कहीं दूसरे शहर में चलें, अपना छोटा-सा घर बनाएँगे...।"

"कहाँ से बनाएँगे... मेरे पास तो कुछ है ही नहीं.... बड़ी कठिनता से पढ़ाई कर रहा हूँ। तुमने मेरे जूते देखे हैं? लो देखो... इन पर पालिश तक करने की मेरी हैसियत नहीं है.....।"

"तो क्या हुआ। हम दोनों काम करेंगे और पैसे कमाएँगे।"

"नहीं आशा ये ठीक नहीं है। तुम भविष्य में कभी ऐसा न सोचना। तुम बड़े घर की लड़की हो... बड़े घर में ही जाना ठीक है। मैं तुमसे प्रेम करके एक ग़लती कर चुका हूँ... अब दूसरी ग़लती नहीं करूँगा। हमें चाहिए कि हम लोग अब अपनी राहें अलग कर लें। व्यावहारिकता से मुँह छिपाना ठीक नहीं।"

आशा बहुत रोई। जब भी उसे विनोद का ध्यान आता है... जी भर रुलाई आती है। विनोद की स्पष्टोक्ति के बाद आशा ने उससे मिलना बन्द कर दिया, पर प्रेम की ज्वाला हृदय में धीरे-धीरे सुलग रही थी।

आज और कोई सहारा दिखाई नहीं पड़ा तो आशा से न रहा गया। वह अपनी माँ को अलग ले जाकर बोली, "माँ... विनोद को बुलाओ न....।"

आशा की माँ ने सोचा आशा ठीक ही तो कहती है। विपत्ति में आशा के नाम पर विनोद अपने साथियों सहित अवश्य ही आ जाएगा। पर वह विनोद का नाम लेने से कतरा रही थीं। लोग सोचेंगे कि ये विनोद को कैसे जानती हैं? कहीं सच्चाई खुल गई, आशा और विनोद का चक्कर सबके सामने आ गया तो बड़ी बेइज़्ज़ती होगी। गुलज़ारीलाल की पत्नी यानी आशा की माँ थीं चतुर। उन्होंने युक्ति सोच ली और बृजभूषण से बोलीं-

"सामने वाल्मीकिपुरम के लड़के बड़े दिलेर हैं। २-३ साल पहले जब दरिया का पुल टूटा था और एक बस पानी में गिर गई थी तो इन्हीं लड़कों ने जान पर खेलकर लोगों को बचाया था। उन्हें बचाने के चक्कर में एक लड़का तो मर भी गया था पर उस लड़के के माँ-बाप ने भी विलाप नहीं किया था। वे बोले थे कि हमें गर्व है कि दसियों को बचाकर हमारा बेटा मरा। मरा नहीं वरन शहीद हुआ है। वह तो अमर हुआ है।"

बृज बोले, "आपने ठीक कहा भाभी जी, पर उन्हें बुलाने कौन जाए? अगर समारोह में उन्हें भी आमंत्रित किया होता तो बुलाना ही

न पड़ता और बुलाना भी पड़ता तो अधिकार से बुलाते उन्हें। अब क्या मुँह लेकर जाएँ उनके पास?"

आशा ने अपनी माँ से चुपचाप कहा, "मैं जाती हूँ माँ...।"

आशा को एक तरफ ले जाकर उसकी माँ ने धमकाते हुए कहा, "क्यों हमारी इज़्ज़त मिट्टी करने पर तुली है। चुप रहकर....."

"आपको तो पापा की फिक्र ही नहीं है। ऐसे में इज़्ज़त-विज़्ज़त क्या होती है?" आशा ने बीच में ही टोका।

"तेरा तो दिमाग़ फिर गया है। मुझे तेरे पापा की फिक्र कहाँ होगी....? कोई रास्ता तो निकलेगा ही। तू चुपचाप भगवान का नाम लेती रह। वे ही रास्ता निकालेंगे।"

पर और कोई रास्ता भी तो नहीं है। जैसे-जैसे समय बीत रहा है किसी के जीवित बचने की सम्भावना भी कम होती जा रही है। एक और विचार बृजभूषण के दिमाग़ में आया। वे तुरन्त स्कूटर उठाकर चल पड़े। कहाँ? किधर? पर जाते-जाते अनिल व जगत से बोले, तुम यहीं रहना मैं अभी आया।

"पर आप जा कहाँ रहे हैं?"

"मैं डा० राधेश्याम को बुलाने जा रहा हूँ। वे वाल्मीकिपुरम में अच्छा प्रभाव रखते हैं।"

## (४)

डाक्टर राधेश्याम की मण्डली के अब उठने का समय हो रहा था। भूकम्प की ही बातें चल रही थीं।

"पिछले भूकम्प में तो चार मकान गिर गए थे। दो जगह शार्ट सर्किट हुआ था।" तेग सिंह बोला।

जसविन्दर ने कहा, "कुल पचास मरे थे।"

तभी पसीने से लथपथ बृजभूषण ने प्रवेश किया।

"अरे, बृजभूषण क्या हुआ तुम्हें?" डाक्टर राधेश्याम उठकर तुरन्त बृज की तरफ बढ़े।

बृजभूषण ने हाँफते-हाँफते, हाँ, घबराहट में आदमी हाँफने भी लगता है। वैसे भी बाहर स्कूटर खड़ा करके भागते हुए आए थे तो हाँफ रहे थे। हाँफते-हाँफते ही सब कुछ बताया।

"तुमने मदद के लिए वाल्मीकिपुरम से खेमा को क्यों नहीं बुलाया?" डाक्टर साहब ने पूछा,

"हिम्मत नहीं हुई।"

"मर जाएँगे पर झूठे आडम्बर नहीं छोड़ेंगे। वाल्मीकियों को मन्दिर में कैसे बुलाया जाए....? हुँह..." डाक्टर साहब ने झुँझलाते हुए कहा।

बृजभूषण बोले, "नहीं तुम ग़लत समझ रहे हो। हिम्मत तो इसलिए नहीं हुई कि हमने उन्हें पहले कभी किसी कार्यक्रम में तो बुलाया नहीं। एक बार तो तुमने भी कहा था। याद है न। तब भी नहीं बुलाया। आज अपना मतलब पड़ा तो पहुँच जाएँ।"

"तो क्या हो गया? डाक्टर बोले "पर अगर वे आएँ तो तुम लोगों को एतराज़ तो न होगा?"

"नहीं, नहीं हम तो उन्हें गले लगा लेंगे।" बृज बोला।

"अच्छा अब फालतू की बात का समय नहीं है, जल्दी चलो।" डाक्टर साहब ने आह्वान किया।

बाकी सबने भी सुन लिया था।

राम भरोसे, वही हरिजन नेता, बोला मैं भी अपने साथी लेकर पहुँचता हूँ। जसविन्दर ने कहा, "मैं भी आया।" मण्डली उठ गई।

डाक्टर राधेश्याम बृज के साथ खेमा के पास जा पहुँचे।

खेमा डाक्टर साहब की बड़ी इज़्ज़त करता था। डा० राधेश्याम को आया देखकर चारपाई से हुक्का छोड़कर खड़ा हो गया।

"आइए डाक्टर साहब।"

"खेमा तुम्हारे पड़ोस में इतना बड़ा हादसा हो गया और तुम लोग यहाँ गपिया रहे हो।" डाक्टर साहब ने थोड़ा झूठा क्रोध जताते हुए कहा।

खेमा ने पूछा "क्या हो गया डाक्टर साहब?"

"अरे, तुम्हें पता ही नहीं?"

"नहीं, हमें तो कुछ नहीं पता।"

"ये वर्मा नगर के मन्दिर का हॉल ढह गया। उसमें कई लोग दब गए।"

"अच्छा! ये तो बड़ा बुरा हुआ।"

"पर हो सकता है कि अभी जीवन हो। तुम लोग कोशिश करो तो उनकी जानें बचाई जा सकती हैं।"

"डाक्टर साहब हम मन्दिर में कैसे जाएँ! इनका मन्दिर अपवित्र हो गया तो?"

"कैसी मूर्खता की बात करते हो? यह पुरानी, सदियों पुरानी बात उखाड़ लाए।"

"साहब, हम तो सदियों से वैसे ही हैं। न पहले घुसने दिए जाते थे और न आज ही।"

"कभी रोका है किसी ने तुम्हें? कानून व व्यवस्थाएँ कब की बदल चुकी हैं।" डाक्टर साहब ने फिर झूठ-मूठ गरमाते हुए कहा।

पर खेमा था तो नेता आदमी। चोट सह न सका। वह भी थोड़ा गरमाया, पर फिर भी अदब से बोला-

"हमें बुलाया है किसी ने कभी? हमें क्या सपना आ रहा है कि क़ानून बदल गया व्यवस्था बदल गई?"

पीछे से राम आधार बोला, "अच्छा है गिर गया। हमने तो पहले ही नारा दे रखा है "राम मन्दिर निराधार। वाल्मीकि मन्दिर जन आधार।"

बृजभूषण ने टोका, "केवल मन्दिर का कमरा गिरा होता तो कोई बात नहीं थी। दस आदमी दब गए हैं।"

जयपाल सबको हटाता हुआ आगे आया और बृज की तरफ घूरते हुए बोला, "हमने यह भी नारा दिया है टी.वी. बेचो हथियार खरीदो। दस तो अपने आप गए। अच्छा हुआ हम दस के पाप से तो बचे।"

खेमा चुप था।

सुरेश बोला, "यहाँ क्यों आए हो बुला लो न अपने क्लब वालों को।"

डाक्टर राधेश्याम ठगे-से खड़े थे। वे जानते थे कि यह इनका दुखा हुआ मन बोल रहा है। जो सदियों से उपेक्षित है, प्रताड़ित है। आज यह सब न बोले तो क्यों न बोलें। परन्तु इस समय उन्हें चिन्ता थी दस लोगों के जीवन की। बड़ी उम्मीद से यहाँ आए थे वह। डाक्टर राधेश्याम की आँखें नम थीं। वे खेमा से बड़ी भर्राई आवाज़ में बोले,

"खेमा.....।"

खेमा चुप था। खेमा के साथी अभी भी बड़बड़ा रहे थे। मौहल्ले के एक आदमी ने आगे निकलकर कहा-

"अब समानता की बातें करते हैं। तब कहाँ थे जब हमारे ऊपर अत्याचार किए जाते थे। हमारे बदन से झाड़ और घंटे बाँधकर चलाया जाता था। ज़रा पढ़ने की कोशिश करते थे....एक शब्द भी पढ़ाई का कान में पड़ गया तो कान में शीशा डाल देते थे....।"

बृज ने टोका "भय्या तब हम लोग कहाँ थे भला? हमें दुख है कि हमारे पूर्वजों ने ऐसा कुछ किया। हम तो समानता....."

"अरे क्या समानता की बात करते हो? अब तो तुम्हारी मजबूरी है।"

"मजबूरी कैसी भाई....? ये तो हमारी इच्छा है.....।"

अमरदीप इन्टर तक विनोद के साथ पढ़ा था। इन्टर के बाद पढ़ना छोड़कर किसी यूनियन का सदस्य बन गया था। विनोद को सामने से हटाते हुए अमरदीप आगे आ गया और कहने लगा, "हमारी टीमें तो तैयार हो चुकी हैं। ये जो बड़ी इमारतों वाले हैं न, देखना कुछ दिनों में इमारतें छोड़कर भागेंगे, अब तो 'हल्ला बोल' होगा.....।

जयपाल भी भड़ककर बोला, "अब ये नाटकबाजी नहीं चलेगी। अब तो हम चुन-चुन कर बदला लेंगे।"

डा० राधेश्याम बहुत देर से चुपचाप सुन रहे थे। उन्हें तो मन में केवल दस व्यक्तियों की जान बचाने की बात परेशान कर रही थी। वे जानते थे कि यहाँ के दिलेर जवान ही कुछ कर सकते हैं। पर इन लोगों के उग्र तेवर देखकर रास्ता दिखाई नहीं देता था। जयपाल की

बात सुनकर स्वतः डा० राधेश्याम उनसे मुखरित हो गए, “हाँ यह ठीक है। न्याय भी यही है। हमें स्वीकार्य है। जयपाल ठीक ही तो कह रहा है। बदले ले लेने से मन की ज्वाला शान्त हो जाती है। देखो, तुम लोगों के साथ जो भी अत्याचार हुए थे सभी अनुचित थे, अमानवीय थे। सच्चाई तो यह है कि उनको बयान करने के लिए मेरे पास शब्द ही नहीं हैं। वो सब अत्याचार तुम हम पर करो। हमें घंटियाँ व झाड़ बाँधकर घुमाओ, हमारे कानों में शीशा डालो।” डा० राधेश्याम ने बृज की ओर मुड़कर पूछा, “क्यों बृज तुम्हें मंजूर है?”

बृज की समझ में कुछ नहीं आया। उसका मन तो कह रहा था कि कह दे कि ये कोई न्याय नहीं होता। एक ने ग़लत किया तो दूसरा भी ग़लत करे? पर डा० राधेश्याम के सामने उससे कुछ भी न कहा गया। वह अनायास ही बोल उठा–

“जी हाँ। वो तो है ही....”

डा० राधेश्याम खेमा की ओर देखकर बोले, “लेकिन शर्तें मेरी भी हैं। तुम हमसे प्रतिशोध चुकाओ लेकिन उसके बाद यह प्रतिशोध की ज्वाला शान्त कर लेना। हमें चाहे जान से भी मार दो पर आगे आने वाली संतानों में प्रेम हो, एका हो, एक दूसरे के लिए समर्पण हो. ...।

दूसरी शर्त यह कि कुछ लोग मन्दिर वालों की जानें बचाने के लिए भी अवश्य जाओ।

इतना कहकर डा० राधेश्याम सामने वाले घर की ओर चले। सभी लोग स्तब्ध थे। अभी तक जो लोग तेज़ आवाज़ में बुरा-भला कह रहे थे अब पूरी तरह चुप थे। सब की निगाहें डा० राधेश्याम के साथ

उस घर की ओर मुड़ गईं जिधर डा० साहब जा रहे थे। घर के द्वार के पास पहुँचते ही उन्होंने बाहर ही रखी एक बड़ी झाडू उठा ली और मुड़कर बोले-

"लो बाँधो मेरे....."

खेमा ने लपककर डा० राधेश्याम से झाडू छीन ली "ये क्या कर रहे हैं डाक्टर साहब?"

"तुम्हारी बातें तो बहुत कुछ सच हैं पर आज का समय इन बातों का नहीं था। खेमा, इतना निराश मैं कभी नहीं हुआ। मैं तो बड़े विश्वास के साथ तुम्हारे पास आया था।" डाक्टर साहब ने दुखी मन से कहा।

खेमा ने डाक्टर साहब का हाथ पकड़ लिया। "मैं आपको निराश नहीं होने दूँगा।। आप जानते हैं", कहते-कहते खेमा की आँखें भी नम हो गईं। "हम वो बच्चे हैं जो माँ के पास जाने को तरसते हैं पर दूसरे बच्चे को माँ की गोद में देखकर झूठे गुस्से में कहते हैं, जाओ हम नहीं आते तुम्हारी गोद में।"

खेमा की आँखें डबडबाने लगीं। वह बोलता जा रहा था, "आपने सदा प्यार दिया है हमें। आपकी अवहेलना हम नहीं कर सकेंगे डाक्टर साहब।"

इतने में ही विनोद अपने साथियों को ललकारते हुए बोला-

"चलो जवानो दिखा दो अपना सच्चा रूप। तुम्हें माँ ने पुकारा है। आज जानें बचानी हैं।"

सबके तेवर बदल गए, सब चलने को आतुर हो गए।

खेमा भी चिल्लाया "ख़ाली हाथ चलोगे मूर्खों। हथियार उठाओ ले आओ खंती, आरी, रस्सी, टोकरी। जय भवानी।"

दूसरी तरफ से सभी चिल्लाए- “जय भवानी।”

मिनटों में पचासों लड़के आ पहुँचे दुर्घटना स्थल पर, पूरे साजो सामान के साथ।

खेमा बोला, “डाक्टर साहब आप सभी फ़ालतू के लोगों को हटा दें। हम काम तभी कर सकेंगे।”

डाक्टर साहब ने बृजभूषण, अनिल, जगत की तरफ देखा ही था कि बात समझकर इन लोगों ने तमाशबीनों को पीछे हटाना शुरु कर दिया।

अब तक जसविन्दर भी अपने दोस्तों के साथ आ चुका था। पैन्ट उतारकर कच्छे बनियान में वह और उसके दोस्त भी कूद पड़े मैदान में।

डाक्टर साहब के कन्धे पर किसी ने धीरे से हाथ रखा। पीछे राम भरोसे खड़ा था, साथ में थे पन्द्रह लड़के। उसने धीरे से डाक्टर साहब से पूछा-

“क्या हम भी मदद कर सकते हैं?”

“इसमें पूछने की क्या बात है भाई!” डाक्टर साहब ज़ोर से बोले “नेकी और पूछ-पूछ।”

सभी यह सुन रहे थे। वर्मा जी, शर्मा जी, मित्तल साहब, किशोरी, नारंग, दिनेश माथुर आदि अनेक थे वहाँ।

राम भरोसे बोला “इसलिए पूछ रहा हूँ कि कहीं हमारे जाने का किसी को एतराज़ तो नहीं होगा हम सब हरिजन हैं।” वह जानबूझकर यह बोला था, जिससे बात पहले ही स्पष्ट हो जाए। कोई शक न रहे।

डाक्टर साहब सकते में थे, क्या कहें? तभी सब बड़े साहबों ने

एक स्वर में कहा, “भगवान के लिए हमें शर्मिन्दा न करो। तुम्हारा स्वागत है।”

राम भरोसे चिल्लाया “जय भीम” और देखते-देखते सभी घुस गए।

कुछ लोग नीचे से मलबा हटा रहे थे। कुछ ऊपर से लटक रहे सरियों, कंक्रीटों आदि को सँभाल रहे थे। टोकरियाँ भर-भरकर मलबा हटाया जा रहा था। बड़े होशियारी के साथ काम हो रहा था; पर थोड़ी छोटी-मोटी चोटें तो ऐसे में लगती ही रहती हैं। डाक्टर साहब ने एम्बूलैन्स और कम्पाउण्डर मय दवा के बुलवा लिए थे। महिलाएँ चोट खाए लोगों के हाथ-पैर धुलवाकर पट्टी में कम्पाउण्डरों की मदद कर रही थीं।

डाक्टर साहब की निगाह पीछे गई तो देखा शाकिर व शब्बीर दस मुसलमानों के जत्थे के साथ खड़े हैं। डाक्टर साहब बोले-

“अरे शाकिर, शब्बीर तुम.....!”

“इसमें आश्चर्य की क्या बात है? हमारा फर्ज़ नहीं है क्या? इन्सानियत के नाते....” बात अधूरी छोड़कर ही शाकिर चुप हो गया।

एक अनकहा प्रश्न। सबकी आँखें एक हुईं। बृजभूषण, अनिल, किशोरी, शर्मा सब समझ गए...।

डाक्टर साहब ने इन सब की ओर देखा मूक सहमति प्राप्त की और बोले-

“तो पीछे क्यों खड़े हो?”

शाकिर ने एक सैकेण्ड भी नहीं सोचा और अपने साथियों की तरफ़ देखकर बोला, “अल्लाह के नाम पर आ जाओ।” और सभी अन्दर घुस गए।

सबके मन में एक ही प्रश्न था। गुलज़ारीलाल व अन्य नौ लोग बचेंगे या नहीं। अब तक ज़िन्दा भी हों शायद। हे राम, अल्लाह, हे वाहे गुरु हमारी मेहनत बेकार न जाए। इसे सफल करो।

शब्बीर चिल्लाया "भय्या तेरी जय हो सभी बच गए।" शब्बीर ने एक किनारे से देखा था कि एक बड़ी मेज़ के नीचे सभी सुरक्षित बैठे हैं। अब तो बस मलबा हटा नहीं कि मेज़ के नीचे से सभी सुरक्षित बाहर।

इस उत्साह, जोश ने उसे थोड़ा बेख़बर कर दिया और उसके हाथ से वह बल्ली खिसक गई जिसके सहारे छत का अधगिरा लटका हुआ मलबा टिका था। अनर्थ हो गया। मलबा गिरा। एक ईंट शब्बीर के सिर पर सीधी गिरी।

"हाय....हाय" शब्बीर कहते गिर पड़ा। डाक्टर साहब दौड़े... .. चीख़ पड़े "शब्बीर......।"

देखते-देखते शब्बीर को एम्बूलैन्स में डालकर अस्पताल पहुँचा दिया गया। इलाज शुरु करवा दिया।

"सिस्टर सी.टी. होगा, एक्सरे भी। ख़ून की जाँच करवाओ। एक बोतल ख़ून लगा दो फ़ौरन। दवा चालू रखना। न्यूरोसर्जन भी बुलवा लो। मैं अभी आता हूँ।"

डाक्टर साहब वापिस मन्दिर लौट गए। अब तक सभी को सुरक्षित निकाल लिया गया था। सब बैठे थे, सफ़ाई-पुछाई हो रही थी। छोटी-मोटी चोटें ही थीं। दवा, पट्टी का काम चल रहा था।

पड़ोस के घरों में चाय बन रही थी, लोग दौड़-दौड़कर चाय ला रहे थे। गुलज़ारीलाल और बाकी नौ लोगों के चेहरे पर आतंक की

रेखा तो थी पर जान बचने की प्रसन्नता के साथ। हौंसले पस्त होकर भी वे हँस रहे थे। वे बता रहे थे कि कैसे भूचाल आते ही जब सीमेन्ट गिरते देखा तो बाहर भागने के बदले वे बड़ी मेज़ के नीचे घुस गए थे।

सभी "प्राण रक्षक सेवकों" की आवभगत हो रही थी। विशेषकर महिलाएँ तो उन पर मर मिटती थी। कुछ युवतियाँ मन-ही-मन सोच रही थीं, ईश्वर से माँग रही थीं कि हमारे पति भी इन जैसे हों। बहादुर....

कोई जाति-धर्म का भेद नहीं जानता था। वे ही कट्टरपंथी परिवार के "पवित्र" लोग अपने-अपने घरों से कुछ-न-कुछ लाकर इन्हीं मुस्लिम, सिख, हरिजन व वाल्मीकि भाइयों का सत्कार करना चाहते थे।

डाक्टर साहब को देखते ही सभी खड़े हो गए। वास्तव में आज के हीरो तो डाक्टर राधेश्याम ही थे। डाक्टर साहब ने सबसे पहले गुलज़ारीलाल आदि से हाल पूछा फिर सभी कार्यकर्ताओं को धन्यवाद दिया।

एक बार फिर गुलज़ारीलाल के पास जाकर बोले-

"हमसे एक भूल हो गई थी। उसकी माफ़ी चाहते हैं।"

"क्या। आप कोई भूल कर सकते हैं डाक्टर साहब?" शर्मा जी ने बीच में ही टोका,

"मैंने आपकी आज्ञा के बिना ही अपने दोस्तों को मन्दिर आने का निमन्त्रण दे दिया था।" यह उन्होंने सभी कार्यकर्ताओं की ओर देखकर कहा।

"अब क्यों ज़लील करते हो डाक्टर। हम तो पहले ही मरे पड़े हैं। आपके निमन्त्रण ने ही तो हमें जीवनदान दिया है।" गुलज़ारीलाल को वह रात याद आ रही थी जब कार्यक्रम में वाल्मीकियों व हरिजनों को निमन्त्रण दिए जाने में डाक्टर के प्रस्ताव पर वे उठ खड़े हुए थे।

पण्डित जी बोले, "यह मन्दिर अब सबका है। आगे से तो मैं इनके आए बिना आरती भी नहीं शुरु करूँगा।"

डाक्टर साहब ने कटाक्ष किया, "चढ़ावा न आया तो?"

गुलज़ारीलाल ने सिर झुका दिया।

"और शर्मिन्दा न करो।"

खेमा बोल उठा, "जाने दो डाक्टर साहब हमें कौन यहाँ रोज़ आना है। इन्होंने कह दिया हम संतुष्ट हो गए। हमने तो अपना फर्ज़ पूरा किया है। और फिर आज भावावेश में तो कुछ भी कहें। सच्चाई तो कभी नहीं बदलेगी।"

"नहीं ऐसा नहीं हम जो कह रहे हैं वह दिल से कह रहे हैं।" गुलज़ारीलाल जी बोले।

"विश्वास नहीं होता" खेमा ने कहा।

"विश्वास तो करना ही पड़ेगा क्योंकि यह है ही सच।" गुलज़ारीलाल ने पूर्ण विश्वास के साथ कहा।

डाक्टर साहब बोले, "कहने से ही तो बात नहीं मानी जाती। कुछ ऐसा करके दिखाओ जिससे इन्हें विश्वास हो।"

गुलज़ारीलाल बोले "तो कर के भी दिखा दूँगा।"

गुलज़ारीलाल को याद आ रहा था कि आशा की माँ ने उन्हें बताया था कि आशा विनोद से प्रेम करती थी। उन्हें यह भी अहसास

था कि जब से उन्होंने आशा को विनोद से न मिलने की हिदायत दी है तब से आशा बड़ी चुप व उदास रहती है। घंटों बैठी आकाश को देखती रहती है।

गुलज़ारीलाल का मन वास्तव में बदल गया था। उन्हें पता था कि उनको यह नया जीवन मिला है। इस नए जीवन में नई परम्पराएँ बनाने की उनमें लालसा जाग्रत हो रही थी। उन्हें यह अहसास हो रहा था कि समाज को एक करने के लिए ही उन्हें प्रभु ने नया जीवन दिया है। आज उनमें जाति-बिरादरी, अमीर-ग़रीब और ऊँच-नीच का भेद नहीं था।

वे खेमा की ओर देखकर बोले, "देखो खेमा। ये लड़का विनोद है न ....." "मैं अपनी बेटी आशा का हाथ विनोद को देना चाहता हूँ। बोलो मंजूर है?"

सभी सन्न-से रह गए। यह क्या कह दिया गुलज़ारीलाल ने। सबके चेहरे से हवाइयाँ उड़ गईं। कहीं पगला तो नहीं गए हैं। एक वाल्मीकि के घर रिश्ता करेंगे। पर है तो सच ही..

गहन चुप्पी चारों तरफ छा गई।

"बोलते क्यों नहीं खेमा" गुलज़ारीलाल ने पूछा।

खेमा ने बड़े सँभलकर पूछा "बेटी आशा से भी तो पूछो पहले।"

आशा स्वयं ही लजाते हुए बोल पड़ी "मुझे गर्व होगा ऐसा पति पाकर जिसने मेरे पूज्य पिता की जान बचाई हो" और शरमाती हुई पीछे की ओर भाग गई।

खेमा ने विनोद की ओर देखा। विनोद ने मूक सहमति देते हुए निगाहें नीची कर लीं।

एक दूसरे की ओर देखते-देखते खेमा और गुलज़ारीलाल लिपट गए। सवर्ण और असवर्ण का भेद मिट गया।

गुलज़ारीलाल ने विनोद को अपने पास बुलाया और हाथ से अँगूठी निकालकर उसे पहना दी। वह बोले,

"शादी की तारीख़ खेमा तय करेंगे।"

डाक्टर साहब भावविभोर थे। समाज के बदलाव की आहट उनके कानों में दस्तक दे रही थी। उन्हें विश्वास होने लगा था कि समाज अवश्य बदलेगा। यह तो ईश्वर का आदेश है। इन्तज़ार करना होगा। प्रेम की गंगा बहाते रहना होगा। बस......।

## (५)

सबको अब शब्बीर का ध्यान आया और पूरी भीड़ अस्पताल पहुँच गई। न्यूरोसर्जन ने शब्बीर को देख लिया था।

पोर्च में ही खड़े थे।

"डाक्टर काला आपने देखा उसे।" डाक्टर राधेश्याम ने पूछा।

"हाँ, देख तो लिया। बहुत गम्भीर है।"

डा० राधेश्याम ने फिर पूछा "सी.टी. हो गया क्या? कोई हेमरेज वगैरह तो नहीं है?

"नहीं, क्लॉट तो नहीं है पर मस्तिष्क पर सूजन बहुत अधिक है।"

"ठीक तो हो जाएगा न?"

"कुछ कह नहीं सकते। अगले बहत्तर घंटे बड़े नाजुक हैं।"

वातावरण गम्भीर हो गया सबके चेहरे लटक गए।

सभी दौड़कर शब्बीर को देखना चाहते थे। सिस्टर के बार-बार मना करने पर भी सबके-सब गहन चिकित्सा कक्ष में घुस गए। अश्रुपूर्ण आँखों से सबने शब्बीर को घेर लिया।

शब्बीर के पलंग पर डाक्टर राधेश्याम उसका हाथ पकड़कर बैठ गए।

डा० रेखा भी अब तक शब्बीर के पास पहुँच चुकी थीं। वे जानती थीं कि डा० राधेश्याम भावुक व्यक्ति हैं और कई बार भावनाओं के वशीभूत अस्पताल के नियमों को भूल जाते हैं। शब्बीर गहन चिकित्साकक्ष में था। गहन चिकित्साकक्ष में रोगी को रखने का उद्देश्य है कि रोगी को पूर्ण रूप से शारीरिक व मानसिक आराम मिले और डाक्टर व कम्पाउण्डर आवश्यकतानुसार उसे पूरी चिकित्सा सहायता उपलब्ध करवा सकें।

शब्बीर को गहन चिकित्साकक्ष में जिस प्रकार भीड़ ने घेर रखा था, वह पूरी तरह अस्पताल के नियमों के विरुद्ध था। डा० रेखा को दुख केवल यह हो रहा था कि इस भीड़ का नेतृत्व डा० राधेश्याम कर रहे थे।

डा० रेखा ने सिस्टर की ओर देखा। सिस्टर के माथे पर पसीने की नमी दिखाई दे रही थी। वह किंकर्तव्य-विमूढ़ खड़ी थी। डा० रेखा ने सिस्टर से कहा-

"सिस्टर, तुम्हारे गहन चिकित्साकक्ष के यही नियम हैं क्या?"

"सिस्टर डा० रेखा के कटाक्ष को समझ गई और एक अनचाही मुस्कराहट लाने का प्रयत्न करते हुए बोली-

"मैं क्या करूँ मैम? आप ही बताइए।"

"तुम कुछ नहीं कर सकतीं तो मैं ही कर देती हूँ। वैसे तुम्हें शर्म नहीं करनी चाहिए।"

डा० रेखा ने डा० राधेश्याम की ओर देखकर कहा-

"ये क्या हो रहा है डा० राधेश्याम, इतनी भीड़ शब्बीर की जीवन-रक्षा के लिए आवश्यक है क्या?"

डा० राधेश्याम भावनाओं के भँवर से निकलकर यथार्थ के उजाले में आ गए। पहले तो उन्हें कुछ अटपटा लगा कि आज डा० रेखा ने बड़ी कड़क आवाज़ में उन्हें डा० राधेश्याम कहकर पुकारा। वे तो सदा सम्बोधन में 'देखिए' 'सुनिए' कहती थीं। डा० राधेश्याम को यह समझने में देर नहीं लगी कि इतनी भीड़ के समक्ष पारिवारिक भाषा का प्रयोग अच्छा नहीं लगता। वहाँ तो औपचारिक भाषा ही उचित है।

डा० राधेश्याम को थोड़ा यह भी विस्मय हुआ कि डा० रेखा ने उन्हें थोड़ी कड़क आवाज़ में सम्बोधित किया। पर उन्हें तुरन्त ही ध्यान आ गया कि इतनी भीड़ लेकर उनका शब्बीर को घेरे रखना उचित नहीं है और जब रोगी के हित की बात होती है तो एक अच्छा डाक्टर अपना पराया नहीं देखता। नियमों के पालन कराने में कठोरता बरतना किसी व्यक्ति का अपमान करना या उसका विरोध करना नहीं होता वरन रोगी का हित करना ही होता है। डा० रेखा ने एक जागरूक डाक्टर की भूमिका ही तो निभाई है।

डा० राधेश्याम अपनी ग़लती को समझते हुए बोले-

"आई एम सॉरी डा० रेखा" यह कहकर उन्होंने शब्बीर के माथे पर हाथ फेरा और इतना ही कहा-

"शीघ्रता से ठीक हो जाओ शब्बीर, फिर बातें होंगी।" डा० राधेश्याम बिस्तर से उठे और सभी जमा लोगों से बोले "चलो बाहर चलते हैं।"

"पर शब्बीर के साथ एक व्यक्ति को तो रहना ही होगा।" डा० राधेश्याम ने डा० रेखा की ओर देखा व चंचलता भरी हल्की-सी मुस्कराहट अपने होठों पर लाते हुए पूछा "एक व्यक्ति तो शब्बीर के साथ रह सकता है न डा० रेखा।"

"हाँ। अवश्य। एक व्यक्ति ही रह सकता है।"

सामने खड़े व्यक्ति को एक ओर हटाते हुए श्रीमती सुधा सामने आ गईं और बोलीं, "शब्बीर की सेवा करने के लिए मैं दिन में रुकूँगी और ये रात को रुकेंगे।"

बृजभूषण तपाक से बोले, "नहीं-नहीं चौधरन आप नहीं। हमारे रहते....." बृजभूषण की बात को बीच ही में काटकर सुधा बोलीं

"देखिए बृज भाई मेरा नाम है सुधा। सुधा ही कहिए। चौधरन क्या होता है?" ये वही अजब सिंह की पत्नी हैं जो कुछ समय पहले अपने को चौधरन ही कहलवाती थीं। उनका असली नाम तो किसी को पता नहीं था। सुधा ने आगे कहा-

"मैं किसी की न सुनूँगीं। सत्तो ने सालों हमारी सेवा की है। आज इसकी सेवा की आवश्यकता है तो क्या हम लोग अपना कर्तव्य नहीं निभाएँ?"

डा० रेखा ने भी सुधा की हाँ-में-हाँ मिलाते हुए कहा, "बिल्कुल ठीक कहा आपने, लेकिन अब सब लोग बाहर.....।"

डा० राधेश्याम ने प्रस्ताव स्वीकार करते हुए कहा, "ठीक है सत्तो

की सेवा की पूरी ज़िम्मेवारी भाभी व अजब सिंह की रहेगी।"

सभी लोग गहन चिकित्साकक्ष से बाहर आ गए।

## (६)

आज भारी समारोह है। सैंकड़ों ही नहीं वरन हज़ारों व्यक्ति जमा हैं। सबका रोम-रोम हर्षित है। पहले सर्वधर्म प्रार्थनाएँ होती हैं, फिर साम्प्रदायिकता व जातीयता समाप्त कर राष्ट्र-निर्माण के लिए अपना सर्वस्व अर्पण करने की शपथ ली जाती है। सैंकड़ों लोग अपने नामों के आगे से जातिसूचक शब्द हटाकर जाति-विहीन समाज बनाने का संकल्प लेते हैं। बहुत से लोगों को सम्मानित किया जा रहा है। जब डा० राधेश्याम के सम्मान में उन्हें माला पहनाई गई तो डा० राधेश्याम ने माला खुद न पहनकर उसे डा० रेखा को यह कहते हुए पहना दी कि आज मैं जो भी कर पा रहा हूँ उसका मुख्य श्रेय तो डा० रेखा को है। इनके सहयोग के बिना तो मैं अपूर्ण ही रहता और सम्भवतः कुछ नहीं कर पाता। अतः इस माला की असली हक़दार तो ये ही हैं।"

करतल ध्वनि से पूरा हाल गूँज उठा।

शब्बीर का नाम पुकारा गया। शब्बीर अपनी कुर्सी से उठा ही था कि जब्बार भाई ने दौड़कर उसे कंधों पर उठा लिया और स्टेज तक ले गए। स्टेज पर जाकर वे डा० राधेश्याम से बोले-

"डाक्टर साहब। लीजिए मैं अजब सिंह भाईजान की अमानत उन्हें सौंपने लाया हूँ। मैं इनके पुराने फार्म से सतवीर को ले गया था मैंने इसे शब्बीर बनाया। यह मेरी भूल थी। आज मैं उन्हें उनका सतवीर लौटा रहा हूँ।"

अजब सिंह स्टेज पर ही बैठे थे। क्यों न बैठते भला! आज के आयोजन का मुख्य खर्चा उन्होंने ही तो उठाया था। तुरन्त उठकर जब्बार के गले मिले। अजब सिंह की आँखों से अश्रुधारा बहने लगी। बाद में उन्होंने सतवीर को अपने फार्म का प्रबन्धक बनाए जाने की घोषणा की।

डा० राधेश्याम ने अपने सम्बोधन में कहा, "पिछले कुछ समय की घटनाओं ने हमें कुछ पैग़ाम दिए हैं।

पहला पैग़ाम कि सब धर्म हमें प्यार, मोहब्बत सिखाते हैं। लड़ना झगड़ना नहीं। अब समय आ गया है कि मन्दिरों, मस्जिदों, गुरुद्वारों व चर्चों के द्वार सभी के लिए खुल जाने चाहिएँ। ये मज़हबी दीवारें जो हमने खड़ी कर दी हैं, इन्हें तोड़ डालो। ईश्वर तो एक ही है। एक व्यक्ति हिन्दू होकर भी नमाज़ पढ़ सकता है और एक व्यक्ति मुसलमान होकर भी आरती गा सकता है। इससे किसी का धर्म भ्रष्ट नहीं हो सकता।

दूसरा पैग़ाम है कि हम अपने-अपने धर्मों की गहराई को समझें। हम धर्म को तो मानते हैं पर धर्म की नहीं मानते। स्वार्थी लोगों ने धर्मों के व्यावहारिक रूपों को बिगाड़ दिया है। अपने-अपने धर्मों में रहकर ही इन मिथ्याओं को पहचानें, उन्हें दूर करें। जाति-व्यवस्था अमानवीय व धर्म विरुद्ध है। इसे उखाड़ फेंकें। इससे हिन्दू, मुस्लिम, सिख, ईसाई, बौद्ध आदि सभी ग्रसित हैं कोई कम, तो कोई अधिक। अपने-अपने मतों में रहकर जाति-विहीन समाज का निर्माण करें।

तीसरा पैग़ाम कि कोई भी सामाजिक परिवर्तन प्यार, सद्‍भावना से लाया जा सकता है। समय तो अधिक अवश्य लगता है पर परिवर्तन

स्थायी होता है। प्रेम के धागे इसे अटूट बना देते हैं। हिंसक संघर्ष से परिवर्तन बहुत कम समय का होता है तथा वैमनस्य उसे कभी भी नष्ट कर सकता है। अतः प्रेम की गंगा बहाते रहना है। परिवर्तन सुनिश्चित है। पलायन अनुचित है। अपने घर में गन्दगी हो तो उसे साफ करें। घर छोड़कर पलायन न करें।"

# अभिलाषा

मैंने एक नए युग के निर्माण की नींव को रखे जाते हुए साक्षात् देखा है। काश! इस नींव का मैं भी एक पत्थर बन पाऊँ।

*अतुल कृष्ण*

•••

# धुन्ध

आज के भारतीय समाज की विलक्षणता इसका पूर्णतः मिश्रित समाज होना है। भारत में प्राचीनकाल से ही विदेशी आक्रमणकारी आते थे तथा उनमें से बहुत से यहीं बस जाते थे। वे अपने कुछ संस्कार यहाँ के समाज को दे देते थे व कुछ स्वयं ग्रहण कर लेते थे। इस प्रकार वर्तमान समाज की संरचना हुई है।

यहाँ की मूल व सबसे प्राचीन संस्कृति वैदिक संस्कृति व धर्म वैदिक धर्म कहा जा सकता है। आज हमारे समाज के हर हिस्से जो संप्रदायों के रूप में हैं, में जाति-व्यवस्था किसी-न-किसी-अंश व रूप में पाई जाती है। इसमें संदेह नहीं कि वर्तमान जन्मजात जाति-व्यवस्था वैदिक वर्ण-व्यवस्था का ही विकृत रूप है। जिस प्रकार एक मनुष्य अपने मित्र की संगति में रहकर उसके सद्गुण तो कम ग्रहण करता है, वरन् उसके अवगुण अधिक ग्रहण कर लेता है, ठीक उसी प्रकार सभी संप्रदायों ने जाति रूपी अवगुण को वैदिक संस्कृति की विकृत अवधारणा के रूप में ग्रहण किया है।

देश से जाति-व्यवस्था को समाप्त करने के किसी भी प्रयत्न से पहले यह देखना आवश्यक हो जाता है कि क्या जन्मजात जाति/वर्ण व्यवस्था मूल वैदिक धर्म व संस्कृति की अभिन्न भाग थी? यदि हाँ तो इसे समाप्त करना वास्तव में असम्भव-सा ही होगा। यदि नहीं तो चाहे

कितनी ही विकटता क्यों न हो? यह कार्य किया जा सकता है। यहाँ यह कहना समय-संगत है कि मुस्लिम व इसाई सम्प्रदायों के अतिरिक्त वर्तमान के लगभग सभी मत व सम्प्रदाय कभी-न-कभी इसी मूल वैदिक धर्म जिसका विकृत रूप आज हिन्दू है, के ही हिस्से रहे हैं। यहाँ हम हिन्दू के स्थान पर वैदिक शब्द का ही प्रयोग करेंगे।

भारतीय समाज का आचरण धर्म से बहुत प्रभावित होता है। तः देखें कि वैदिक धर्म के परिप्रेक्ष्य में जाति व वर्ण-व्यवस्था की क्या स्थिति थी? वह कितनी मानवीय तथा कितनी अमानवीय थी। इसकी धार्मिक प्रतिपादिता क्या थी व इसका व्यावहारिक रूप क्या था? प्रायः यह कहा जाता है कि जाति की उत्पादक वर्णव्यवस्था वैदिक धर्म की एक अविभाज्य हिस्सा थी, अतः इसका उन्मूलन असम्भव है। यह तर्क कितना सच है? यदि यह व्यवस्था वैदिक धर्म से समाप्त नहीं की जा सकती है तो यह समाज में विद्यमान रहेगी, क्योंकि यह तो वह अमर बेल है जिसको समूल नष्ट किए बिना उसका अस्तित्व मिटाया नहीं जा सकता।

वैदिक धर्म वेदों पर आधारित धर्म है। कहा जाता है कि वेद ईश्वर द्वारा मानव-जाति को मार्गदर्शन हेतु दिए गए हैं। वेदों का ज्ञान ईश्वर द्वारा सर्वप्रथम अग्नि, वायु, आदित्य व अंगिरा नामक चार ऋषियों को दिया गया था। वेद एक बड़े लम्बे समय तक गुरु शिष्य परम्परानुसार सुनकर ही स्मरण किए जाते रहे तथा सर्वप्रथम वेद व्यास ने इन्हें संकलित किया।

वेदों के अतिरिक्त अनेक शास्त्र या तो वेदों की व्याख्या हैं या फिर ऋषियों द्वारा रचित शास्त्र हैं। वैदिक धर्म के मानवता पर

आधारित होने के कारण और व्यक्ति को वैचारिक छूट दे देने के कारण कालान्तर में अनेक ऋषियों व व्यक्तियों ने अपने विचारों पर आधारित शास्त्र केवल लिखे ही नहीं वरन वेदों की व्याख्या भी अपने-अपने ढंग से कर डाली। अनेक धर्माचार्यों ने अपने-अपने ढंग से वैदिक धर्म को परिभाषित किया तथा सैंकड़ों पंथ चला डाले। बहुत से शास्त्र, पुराण लिख डाले। इतने अधिक विचार फैल गए कि असली वैदिक धर्म तो दबकर ही रह गया, धुन्ध में आँखों से ओझल ही हो गया।

यदि वैदिक धर्म से सम्बन्धित कोई विवाद हो तो उसका निराकरण केवल वेद ही कर सकते हैं। अन्य शास्त्र इस संदर्भ में प्रभावहीन एवं युक्तिहीन हैं। मीमांसा दर्शन के अनुसार

चोदनालक्षणोर्थों धर्मः

अतः जिसके लिए वेद की आज्ञा हो वह धर्म और जो वेद विरुद्ध हो वह अधर्म।

यानी धर्म ज्ञान के लिए वेद ही परम प्रमाण हैं।

वेदों में वर्ण-व्यवस्था थी। इसमें संदेह नहीं है। किसी भी समाज को चलाने के लिए कार्य के हिसाब से वर्गीकरण आवश्यक होता है। आज की वर्तमान-व्यवस्था में भी वर्गीकरण गुण, कर्म स्वभाव के आधार पर है। इसी प्रकार आरम्भ में वेद वर्णित वर्ण-व्यवस्था भी गुण, कर्म स्वभाव के आधार पर थी। आज शिक्षक, धर्माचार्य, पुलिस, सेना, व्यावसायिक, डाक्टर, इन्जीनियर, सफ़ाई कर्मी आदि हैं। यही पहले ब्राह्मण, क्षत्रिय, वैश्य व शूद्र के नाम से जाने जाते थे। जिस प्रकार आज ज़िलाधिकारी का बेटा ज़िलाधिकारी, व्यावसायिक का बेटा

व्यावसायिक, शिक्षक का बेटा शिक्षक इत्यादि ही बने, आवश्यक नहीं है उसी प्रकार आरम्भ में ब्राह्मण का बेटा ब्राह्मण व शूद्र का बेटा शूद्र हो, यह आवश्यक नहीं था। गुण, कर्म, स्वभाव पर आधारित वर्ण व्यवस्था किसी भी प्रकार दोषपूर्ण नहीं थी। यह तो गर्व का विषय होना चाहिए कि जब संसार में कहीं सभ्यता नहीं थी, वैदिक धर्म-शास्त्र में समाज संचालन का वैज्ञानिक दर्शन उपलब्ध था।

कुछ लोग कहते हैं कि वेदों में शूद्र को अछूत या नीचे दर्जे का होना बताया गया। उदाहरणार्थ,

**ब्राह्मणोस्य मुखमासीद, बाहु, राजन्य कृतः**
**उरु तदस्य यद् वैश्य, पदभ्यां शूद्रो अजायत।**

यानी प्रथम पुरुष के मुख से ब्राह्मण हुए, बाँहों से क्षत्रिय, उदर से वैश्य एवं पैरों से शूद्र। अतः पैरों से उत्पन्न होने के कारण शूद्र नीचे हुए। पहली बात तो यही बड़ी हास्यास्पद है कि किसी के भी मुख, बाँहों, उदर या जंघाओं से किसी का उत्पन्न होना माना जाए। दूसरे यह कहना कि इस मंत्र में किसी वर्ण को ऊँचा या किसी को नीचा बताया गया है मिथ्यापूर्ण है। सत्य तो यह है कि समाज का एक व्यक्ति से काल्पनिक समन्वय किया गया। प्रत्येक वर्ण को शरीर के एक हिस्से से समन्वित किया गया। कितना सुन्दर समन्वय है। जिस प्रकार शरीर के सभी अंग मिलकर ही शरीर पूर्ण होता है, बिना एक के दूसरे का कार्य नहीं हो सकता, उसी प्रकार सभी वर्णों से मिलकर समाज बनता है, एक वर्ण के बिना दूसरे का कार्य नहीं चलता। जिस प्रकार शरीर में सभी अंग समान महत्त्व रखते हैं उसी प्रकार समाज में भी सभी वर्ण समान महत्त्व रखते हैं।

क्या हम कह सकते हैं कि पैर गन्दे नीचे या अछूत होते हैं? यदि हाँ तो हम क्यों धोते हैं उन्हें? क्यों शौच साफ करते हैं अपने हाथों से? जब पैर में दर्द होता है तो अपने बच्चों से क्यों दबवाते हैं उन्हें? जब चोट लग जाती है तो क्यों भागे-भागे डाक्टर के पास जाते हैं? अभी कुछ समय पहले एक दुर्घटना का रोगी आया जिसका पैर बुरी तरह से कुचला गया था। डाक्टरों ने उसे सलाह दी कि जान बचानी है तो पैर काटना पड़ेगा। वह और उसके रिश्तेदार बोले, डाक्टर साहब कितना भी पैसा लगे परन्तु पैर बचाइये। रोगी बोला, "मैं पैर कटवाने के बदले मरना पसन्द करूँगा।" जिस प्रकार पैर उतना उपयोगी व सम्मानित है जितना शरीर का कोई भी भाग, उसी प्रकार शूद्र भी वर्ण व्यवस्था में उतना ही सम्मानजनक व उपयोगी था जैसा कोई और वर्ण। वस्तुतः वर्णों पर आधारित असमानता के विपरीत वेदों ने ही सभी में समानता का संदेश दिया है।

वेद तो सम्पूर्ण मानवमात्र को समानता के साथ चलने का संदेश देते हैं। वेद किसी भौगोलिक, राजनीतिक या धार्मिक सीमा को भी नहीं मानते। तो फिर वर्णगत भेद ही कैसे मान सकते हैं?

देखिए

**सं गच्छध्वं सं वदध्वं सं वो मनांसि जानताम्।**
**देवा भागं यथा पूर्वे संजनानः उपासते।।**

ऋ०अ० ८/अ० ८/व० ४६/ मं० २।।

हे मनुष्यों! तुम साथ-साथ मिलकर चलो, तुम्हारी भाषा एक हो तुम्हारा ज्ञान एक-सा हो। सभी एक साथ धर्म, ऐश्वर्य का सेवन करो।

समानो मंत्र समितिः सामनी समान मा सह चित्र मेषाम।
समाना मंत्रममिंमत्रये समामेन वे हविषा जहोम।।

ऋग्वेद १०/१०१/३

तुम्हारा मंत्र समान हो तथा समान हो तुम्हारा मन और चित्त एक हो। एक ही मंत्र तुम्हारे लिए उपदेश देता हूँ एक ही यज्ञ तुम्हारे लिए नियत करता हूँ।

समानी व आकातिः समाना हृदयानिकः।
समानमस्तु वो मनो यथा व सुताहसति।।

ऋग्वेद १०/१६१/४

'तुम्हारा इरादा एक हो तुम्हारे हृदय एक हों, तुम्हारा मन एक हो जिससे तुम्हारा शुभ मेल सदा बना रहे।'

इस प्रकार की शिक्षाओं से वेद भरे पड़े हैं। स्वार्थी व अज्ञानी पुरुषों ने वेद के एक दो मन्त्रों का अनुचित अर्थ निकालकर सबको भ्रम में डाल दिया तथा पूरे धर्म को ही कलुषित कर दिया है।

श्लोकों का अलग समय पर अलग-अलग अर्थ निकाला जा सकता है। स्वार्थी, अज्ञानी व ढोंगी व्यक्तियों ने इस शाश्वत धर्म को भ्रान्ति पूर्ण, निरर्थक व मिथ्यापूर्ण अर्थों को देकर कलुषित किया। नीचे एक वाक्य लिखा है'

'नारदः सुरालयं गच्छति'।

यहाँ आप अपने ज्ञान, बुद्धि व भाव से सुरालय का अर्थ स्वर्ग भी ले सकते हैं व शराब का ठेका भी ले सकते हैं। यदि संस्कृत न जानने वाले व्यक्ति से हम कहें कि लिखा है कि नारद शराब के ठेके पर गए तो वह बेचारा हमारी बात मान ही लेगा जबकि सच के बिल्कुल विपरीत यानी हमने पूरी तरह झूठ कहा।

लिखा तो यह है कि नारद स्वर्ग गए। यह तो संस्कृत है जिसे बहुत लोग जानते हैं। उचित व अनुचित का निर्धारण कर सकते हैं। वेद तो वैदिक भाषा में थे। वैदिक भाषा को सही-सही जानने वाले तो विरले ही कहे जा सकते हैं। अतः वेदों की ऋचाओं का अनुचित अर्थ निकाला जाना आश्चर्यजनक नहीं कहा जा सकता। इस प्रकार हुआ हमारे धर्म का भ्रष्टाचार व मिथ्या प्रचार।

कुछ लोग अन्य पुराणों, शास्त्रों व रचनाओं का उदाहरण देकर कहते हैं कि उनमें वर्ण-भेद व मानवता विहीन निर्देशों की भरमार है। यह सब बातें बड़ी हास्यास्पद हैं। मिथ्यापूर्ण बातों को सच मानकर पूरे धर्म का रूप बिगाड़ दिया गया है। मिथ्यापूर्ण कथन विश्व के अन्य ग्रन्थों में भी हैं। ऐस ही यहाँ भी हैं। इन्हें धर्म संगत मानने से पहले दो बातों पर विचार करना होगा।

एक तो यह कि पहले युग में कोई भी शास्त्र हाथ-के-हाथ लिखा नहीं जाता था। किसी ऋषि ने रचना की तथा अपने शिष्यों को सुना दिया। रचना करने वाले को व्यास तथा उसकी रचना को जगह-जगह सुनाने वाले को सूत कहा जाता था। जब एक छोटी-सी बात चार व्यक्तियों द्वारा आगे बढ़ती है तो मूल बात से बहुत अन्तर आ जाता है, यहाँ तो पूरी रचनाएँ पीढ़ी-दर-पीढ़ी आगे बढ़ी हैं, तो यह बड़ा स्वाभाविक है कि मूल रचना में हर व्यक्ति ने अपने विचारों के अनुसार परिवर्तन किया और आज जो रूप हमारे समकक्ष है वह शुद्ध नहीं है। आज आवश्यकता इन शास्त्रों के शुद्धिकरण की है।

'ढोल, गँवार शूद्र पशु नारी। सकल ताड़ना के अधिकारी।'

तुलसी दास जी द्वारा रचित रामचरित-मानस की यह चौपाई

चर्चा का विषय रही है। वास्तव में यह चौपाई किस भाव से लिखी गई यह तो गोस्वामी तुलसीदास जी ही जानते होंगे। आज उसकी जो भी व्याख्या है किसी भी प्रकार उनकी नहीं है, वरन् लोगों की अपनी सोच है। यदि आज वे होते तो स्वयं ही इसे स्पष्ट करते। फिर भी, यदि यही मान लें कि जो अर्थ प्रत्यक्ष रूप से दिखाई पड़ता है वही उसका वास्तविक अर्थ था और है, तब भी कोई बड़ी समस्या की बात नहीं है।

तुलसीदास जी की यदि यह व्यक्तिगत विचारधारा रही भी हो तो भला उसका वैदिक धर्म से क्या सम्बन्ध? तुलसीदास जी अवश्य ही प्रकाण्ड पण्डित यानी ज्ञानी कवि थे फिर भी न तो वे धर्माचार्य थे और न ही कोई ऋषि मुनि। यह भी सम्भव है कि उस समय की सामाजिक मान्यताओं (जिनका धर्मसंगत होना आवश्यक नहीं है) के अनुरूप उन्होंने लिख भी दिया हो।

मैं गोस्वामी तुलसीदास की दूरदर्शिता की प्रशंसा करूँगा। सम्भवतः उन्हें यह आभास था कि इस पावन पुस्तक के किसी भी अंश को लेकर कोई विवाद हो सकता है। छोटी-छोटी बातों से मर्यादा पुरुषोत्तम राम की महत्ता पर आँच न आए इसलिए उन्होंने यह अधिकार पहले से ही समाज का भला सोचने वालों को दे दिया कि यदि आवश्यक हो तो वे उनके इस पुण्य ग्रंथ में संशोधन कर लें-

संभु प्रसाद सुमति हियँ हुलसी। रामचरित-मानस कवि तुलसी।।
करइ मनोहर मति अनुहारी। सुजन सुचित सुनि लेउ सुधारी।।१।।

बालकाण्ड ३५।।१।।

"श्री शिवजी की कृपा से उसके हृदय में सुन्दर बुद्धि का विकास

हुआ, जिससे यह तुलसीदास रामचरित-मानस का कवि हुआ। अपनी बुद्धि के अनुसार तो वह इसे सुन्दर ही बनाता है। किन्तु फिर भी हे सज्जनों, सुन्दर चित्त से सुनकर इसे सुधार लीजिए।" आज के धर्माचार्यों का यह कर्तव्य अवश्य है कि इस प्रकार की भ्रम उत्पन्न करने वाली चौपाइयों को महत्त्वपूर्ण रामचरित-मानस से निकाल दें, जिससे मर्यादा पुरुषोत्तम राम या गोस्वामी तुलसीदास पर अनावश्यक रूप से उठ रही उँगलियों को प्रभावहीन किया जा सके।

चाहे ये चौपाइयाँ रामचरित-मानस में रहे, चाहे निकाल दी जाएँ पर यह अवश्य है कि इनका वैदिक धर्म से कोई नाता नहीं हो सकता।

इसके विपरीत वेद आधारित समानता के विषय को पहले ही स्पष्ट किया गया है। वैदिक सभ्यता के बड़े-बड़े धर्माचार्यों के जीवन चरित्र देखिए। रामानुजाचार्य के गुरु महापूर्ण भी ब्राह्मण नहीं थे। आदि शंकराचार्य के एक गुरु चांडाल थे। श्री मध्वाचार्य ने कहा कि 'अध्यात्म के विषय के बारे में थोड़ी जानकारी भी न रखने वाले वेषमात्र में ब्राह्मण से अध्यात्मपक्ष पर चलने वाले जन्मतः चाण्डाल श्रेष्ठ हैं।'

धर्म के सम्बन्ध में ये तीन धर्माचार्य अनुकरणीय हैं या तुलसी दास जी?

महाभारत ग्रन्थ में पढ़िए यक्ष-युधिष्ठिर संवाद बड़ा दार्शनिक व अनुकरणीय है।

'धर्मराज कहलाए' जाने वाले युधिष्ठिर से यक्ष ने पूछा कि ब्राह्मण का आधार क्या है? जन्म, विद्या अथवा शील स्वभाव? युधिष्ठिर ने उत्तर दिया --

'मात्र जन्म के आधार पर ब्राह्मणत्व प्राप्त नहीं हो सकता। विद्याध्यन के बाद भी चार वेदों का ज्ञान अर्जन करने के बाद भी यदि

कोई ब्राह्मण चरित्रहीन है तो उसे नीच समझना चाहिए। ब्राह्मणत्व का मूल आधार तो सुचरित्र और शील स्वभाव ही है।'

संत गुलाबराय महाराज एक शूद्र थे। रामाराव देशपाण्डे एक ब्राह्मण थे। संत गुलाबराय के अद्भुत ज्ञान को देख कुछ समय बाद गुरु श्री रामराव ने गुलाबराय को अपने शिष्य से गुरु बना लिया। ऐसे उदाहरण, हमारे इतिहास में भरे पड़े हैं।

किसी शास्त्र में लिखी कोई बात मानने से पहले हमें तर्क व बुद्धि का प्रयोग करना होगा।

महर्षि बृहस्पति के अनुसार-

केवलं शास्त्रं आश्रित्य नैव कर्तव्य विनिर्णय।
युक्तिहीन विचारे तु हानि प्रजायते।।

बुद्धिहीन होकर शास्त्रों का अनुकरण करने से धर्म की हानि होती है। अतः धर्म की व्याख्या व पालन में यथोचित बुद्धि का प्रयोग करना शास्त्र संगत व धर्म संगत है। महात्मा बुद्ध ने भी जीवन में प्रज्ञा पर विशेष महत्त्व देने की बात कही।

अतः यह स्पष्ट ही हो गया है कि वैदिक धर्म में जाति जैसे निम्न सामाजिक भेद का तो स्थान कुछ भी नहीं था वरन वर्ण-भेद का होना भी जन्म से नहीं था; गुण, कर्म व स्वभाव से था। यह भी स्पष्ट है कि यदि किसी शास्त्र या पुराण में कुछ भेदभाव या ऊँच-नीच की बातें लिखी हैं तो प्रमाण नहीं है कि वे मूलरूप में लिखी गई या कालान्तर में प्रक्षिप्त हो गईं। यदि आज वे लिखी हुई भी हैं तो उन्हें मानकर अन्धानुकरण करना धर्मानुसार नहीं होगा। अपनी बुद्धि, विवेक व वेदों को आधार मानकर अनुचित मंत्रों, श्लोकों, कथनों को धर्मशास्त्रों से निकाल दें। उनका शुद्धिकरण करें।

पुराणमित्येव न साधुसर्वभ,
नवचानवद्यम, नवमित्यवेहि।
क्षणे-क्षणे यन्नवतामुपैति,
तदैव रूपम् रमणीययतायाः।

सभी पुरातन सही नहीं है, सभी नवीन सही नहीं है। पुरातन और नवीन के उत्तम तत्त्वों का समन्वय करके क्षण-क्षण में नवीन बनना, और बनाना ही रमणीयता है।

यूँ तो यह कार्य आज के धर्माचार्यों का है जैसे शंकराचार्य, संत आदि, परन्तु यदि वे किन्हीं कारणों से यह कार्य नहीं कर पा रहे हैं तो जागरूक जनता को यह स्वयं करना होगा। प्रज्ञा से धुन्ध हटानी ही होगी।

●●●

# सुभारती समाज बनाम अखिल भारतीय जाति-विहीन समाज

हम यह जानते हैं कि वर्तमान समाज के सभी सम्प्रदाय किसी-न-किसी अंश तक जाति-व्यवस्था से ग्रसित हैं। मुस्लिम, ईसाई, बौद्ध, जैन, सिख व अन्य सैंकड़ों मत व सम्प्रदाय हैं। जाति-व्यवस्था एक सामाजिक व्यवस्था के रूप में सभी जगह घुस चुकी है। कहीं कम तो कहीं अधिक।

जाति-विहीन समाज बनाना हर प्रकार से आज की महती आवश्यकता है। एक ओर जहाँ सभ्यता की यह एक पुकार है तो दूसरी ओर भारत की एकता व अखण्डता के लिए परम आवश्यक नुस्खा है।

आर्य समाज के माध्यम से स्वामी दयानन्द सरस्वती ने वैदिक धर्म की वर्ण-व्यवस्था को जन्म से न मानकर, गुण, कर्म, स्वभाव के रूप में माने जाने के मूलभाव को प्रचारित किया। जिस समय स्वामीजी ने यह कार्य किया उस समय वैदिक धर्म अंधविश्वास व अज्ञान की धुन्ध से ढका था। वास्तव में वैदिक धर्म को रूढ़िवादिता, धार्मिक भ्रान्ति व अवमानना से हटाकर उदार व शुद्ध बनाने की उन्होंने चेष्टा की। एक बहुत बड़ी सीमा तक उन्हें सफलता भी मिली। हमारा उन्हें नमन है।

परन्तु यदि आज के परिप्रेक्ष्य में, मैं अपने आर्य समाजी भाइयों से प्रश्न करूँ कि क्या वे कोई उदाहरण दे सकते हैं जहाँ गुण, कर्म, स्वभाव के आधार पर उन्होंने किसी का वर्ण बदला हो? आज भी वही रूढ़िवादिता है। सभी जगह जाति व वर्ण जन्म के आधार पर ही हैं। गुण, कर्म, स्वभाव से उसको बदला जा सकना आज के समय में विकट है। फिर गुण, कर्म, स्वभाव के आधार पर इसे बदलने का प्रयास करना भी पूर्णतः निरर्थक है, क्योंकि समाज संचालन हेतु वैकल्पिक व्यवस्था अपना स्थान समाज में पूरी तरह ग्रहण कर चुकी है। मुझे यह भी विश्वास है कि यदि आज महर्षि दयानन्द होते तो स्वयं सत्यार्थ प्रकाश के संशोधित संस्करण में यह स्पष्ट कर देते कि 'चूँकि आज हमें किसी भी आधारित (जन्म या गुण, कर्म, स्वभाव) वर्ण-व्यवस्था की आवश्यकता नहीं रह गई है, अतः इसका पूर्ण उन्मूलन कर दिया जाना चाहिए।'

उन्हीं के शब्दों में पढ़िए -

"इस ग्रन्थ में जो कहीं-कहीं भूलचूक से अथवा शोधने अथवा छापने में भूलचूक रह जाए उसको जानने जनाने पर जैसा वह सत्य होगा वैसा ही कर दिया जाएगा और जो कोई पक्षपात से अन्यथा शंका का खण्डन-मण्डन करेगा, उस पर ध्यान न दिया जाएगा। हाँ, जो वह मनुष्य मात्र का हितैषी होकर कुछ जनावेगा, उसको सत्य-सत्य समझने पर उसका मत संगृहीत होगा।"

(सत्यार्थ प्रकाश : भूमिका : महर्षि दयानन्द)

वैदिक धर्म महान इस ही लिए तो है कि वह समय के साथ अपने में सुधार करने की छूट देता है। इसी दृष्टिकोण से आज जाति

व्यवस्था/वर्ण-व्यवस्था को पूर्णतः समाप्त कर देना चाहिए। यह कार्य कठिन है पर असम्भव नहीं। इसे हटाने के लिए चार बिन्दुओं की योजना अंगीकार करें......

## योजना

हम अपने समाज को जाति-विहीन स्वरूप देने के लिए संकल्पिक हैं। हम जानते हैं कि हज़ारों वर्षों से पनप रही जाति-व्यवस्था यूँ ही सोचने भर से समाप्त होने वाली नहीं है, अतः हमारा संकल्प भी भीष्म संकल्प है कि हम इसे समूल नष्ट करके ही रहेंगे। इस कार्य हेतु एक ठोस योजना तैयार की गई है। पूरे-कार्य को चार सूत्रों में पिरोया जाएगा।

### सूत्र-१

### अपने नामों से जाति सूचक शब्द हटाना

हमारा मत है कि नाम का प्रभाव स्वभाव पर कुछ-न-कुछ पड़ता है। नामों के आगे से जाति-सूचक शब्द न लगाने से जाति का प्रभाव मन पर कुछ कम अवश्य पड़ेगा। इससे ऊपरी तौर पर ही सही, पर समाज में एकरूपता दिखाई देने लगेगी। बस में यात्रा करते, साक्षात्कार देते या लेते, कार्यालय में एक जगह और साथ कार्य करने के अनेक अवसरों पर दो व्यक्तियों में केवल नाम से ही जाति का पता चलने पर, अनावश्यक प्रेम या वैमनस्य उत्पन्न नहीं होगा। फिर जाति-सूचक शब्द मात्र को न लगाने से किसी व्यक्ति का कुछ बिगड़ता भी तो नहीं यह एक सहज परन्तु प्रभावी कदम है।

हमारा उद्देश्य किसी को सामाजिक, आर्थिक नुकसान पहुँचाना कदापि नहीं है; अतः इस योजना में कुछ छूट व संशोधन उपलब्ध हैं

## ९. कोष्ठक व्यवस्था

(i) कोई भी व्यक्ति जो अपने नाम से जाति-सूचक शब्द हटाता है उसे कम-से-कम तीन वर्ष तक अपना जाति-सूचक शब्द कोष्ठक में लिखने की सुविधा है जिससे धीरे-धीरे समाज को व्यक्ति के नए नाम का पता चल जाए।

(ii) यदि कोई व्यक्ति कोई ऐसे कार्य में व्यवस्थित है जहाँ उसे जाति-सूचक शब्द हटाने से गम्भीर सामाजिक या आर्थिक क्षति होती है तो वह अपने नाम के आगे जाति-सूचक शब्द कोष्ठक में लिखते रह सकता है।

(iii) जो व्यक्ति ६० वर्ष या उससे अधिक हैं तथा जीवन भर अपने नाम से चर्चित रहे हैं वे भी कोष्ठक का प्रयोग कर सकते हैं।

(iv) यदि किन्हीं कानूनी कारणों से आप जाति-सूचक शब्द नहीं हटा पा रहे हैं तो जब तक उन कानूनी मामलों का समाधान न हो जाए आप कोष्ठक का प्रयोग कर सकते हैं।

**उदाहरण :**

यदि श्री राजकुमार शर्मा जाति-विहीन समाज का सदस्य होना चाहते हों परन्तु उपरोक्त बिन्दुओं में किसी के अन्तर्गत आते हों तो वे लिखेंगे राजकुमार (शर्मा) इसके साथ यह अनिवार्य है कि वे योजना के नं. २ व ३ सूत्रों को पूरी तरह व नं. ४ को यथा-सम्भव अपनाएँ।

**विशेष :** जाति-सूचक शब्द हटाने से पहचान की समस्या उत्पन्न न हो, अतः उसके स्थान पर निम्न नामों का प्रयोग किया जा सकता है

(i) शब्द जैसे कुमार, सिंह, प्रसाद, दास, नारायण, दत्त इत्यादि।

(ii) माता-पिता या किसी पूर्वज का नाम जैसे 'दिनेश कृष्ण' में दिनेश व्यक्ति का नाम है तथा कृष्ण पिता के नाम से लिया गया है।

(iii) देश, नगर, ग्राम का नाम जैसे 'महेश महलवाला' में महेश व्यक्ति का नाम है तथा महलवाला गाँव का नाम है।

(iv) नदी, पर्वत का नाम जैसे 'सुरेन्द्र हिमालय', 'सुरभि गंगा' इत्यादि।

## जाति-सूचक शब्द हटाने की प्रक्रिया

(i) एक शपथ पत्र भरना होगा जिसे Notary द्वारा प्रमाणित कराया जाता है।

(ii) समाचार पत्र में प्रकाशित कराना होता है।

यह सारे कार्य करने में सुभारती कार्यालय का पूर्ण सहयोग है। आपको वहाँ जाकर शपथ पत्र भरना होगा। सुविधा का लाभ कोई भी उठा सकता है। सुभारती कार्यालय ५/१, नौचन्दी गढ़ रोड, मेरठ (गढ़ बस अड्डे के सामने) (सुभारती भवन) पर है।

- क्या नाम में परिवर्तन से पुराने प्रमाण पत्र बेकार हो जाते हैं?
- नहीं। यदि आपने उपरोक्त विधि अपनाई है तो वे सदा ही मान्य होंगे।
- क्या सरकारी कर्मचारी नाम परिवर्तित नहीं कर सकते? कर सकते हैं, पर उन्हें इसकी विधिवत् अनुमति सरकार से लेनी होती है, जो सदैव मिल जाती है।

## सूत्र-२

### एक साथ बैठकर खाना

कहने को तो है ही कि होटलों, रेस्तोराँ आदि में सब खाते हैं। खिलाने वाले व खाना बनाने वाले की जाति का किसी को पता नहीं होता। आवश्यकता है कि ऐसी भावना हममें जागृत हो कि बिना किसी भाव के सभी सब घरों में जाकर खाना खाएँ तथा अपने घर के कार्यक्रमों व भोजों में सभी लोगों को एक ही समय आमन्त्रित करें।

## सूत्र-३

### एक साथ धर्माचरण करें

समाज के विभिन्न वर्गों में आध्यात्मिक चिन्तन-मनन का तरीक़ा अलग-अलग है। हमें उसमें तो कुछ कहने का अधिकार नहीं है, परन्तु इतना अवश्य कहना है कि एक ही आध्यात्मिक प्रणाली को मानने वाले लोग एक ही स्थान पर धर्माचरण करें। उदाहरणार्थ मूर्तिपूजक लोग एक ही मन्दिर में ईश्वर स्तुति करें। एक ही ईश्वर के अलग-अलग जातियों के लिए अलग-अलग मन्दिर न हों।

## सूत्र-४

### वैवाहिक सम्बन्ध जोड़ें

जाति भेदभाव को अलग कर विवाह होने की भारतीय परम्परा का दर्शन, शास्त्रों में मिलता है। यह किसी भी रूप में किसी भी धर्म के विरुद्ध नहीं है।

इस प्रकार के विवाह ही जाति की विषमताओं को अन्ततः दूर कर सकेंगे। हमारा कहना यह नहीं है कि इस प्रकार के विवाहों में सामाजिक व आर्थिक स्तर की अवहेलना कर दी जाए। ऐसी अवहेलना

कर यदि कोई विवाह किया जाता है तो वह परिवारों में स्थाई प्रेम पैदा नहीं कर सकेगा।

हमारा केवल इतना अनुरोध है कि यदि दो परिवारों में वर-वधू योग्य हैं तथा उनमें परस्पर विवाह सम्बन्ध हो सकता है, परन्तु केवल जातिगत आधार पर उन्हें विवाह-सूत्र में बँधने से समाज रोकता है, तो यह अनुचित है। किसी भी विवाह सम्बन्ध में जाति किसी भी रूप में बाधक न हो, हमारी बस यही माँग है।

इस दिशा में सुभारती सेवा संस्था ने युवाओं के प्रोत्साहन हेतु घोषणा की है यदि एक तथाकथित सवर्ण व असवर्ण में विवाह तय होता है तो संस्था के नियमानुसार विवाह करवाने का सारा खर्चा संस्था करेगी। यदि ये लोग बेरोज़गार हैं तो दोनों में से एक को संस्था रोज़गार भी दिलवाने का भरसक प्रयत्न करेगी। ऐसे दम्पत्तियों को सामाजिक मान्यता व सम्मान दिलाने के लिए विभिन्न कार्यक्रमों में उन्हें सम्मानित भी किया जाएगा।

मोटे तौर पर बनाए गए इन चार सूत्रों के अतिरिक्त भी बहुत कुछ करने योग्य बातों का पता विभिन्न क्षेत्रों में विचार गोष्ठियों का आयोजन करके लगाया जाएगा व उन्हें कार्यरूप दिया जाएगा।

संस्था विभिन्न संस्थाओं को साथ लेकर एक अखिल भारतीय जाति-विहीन समाज के गठन की घोषणा करती है। शीघ्र ही इसकी इकाइयाँ विभिन्न ग्रामों व नगरों में स्थापित की जाएँगी। अखिल भारतीय जाति-विहीन समाज अपने पंजीकृत सदस्यों के सामाजिक, शैक्षिक आर्थिक विकास के लिए सार्थक योजनाएँ तैयार करके उन्हें शीघ्र लागू करेगा।

अखिल भारतीय जाति-विहीन समाज के सदस्य बनने के लिए चारों सूत्रों को मानना आवश्यक है। यह सम्पूर्ण आन्दोलन किसी भी राजनैतिक उद्देश्य व महत्त्वाकांक्षा से दूर है। किसी भी राजनैतिक विचारधारा का व्यक्ति इसका सदस्य बन सकता है। संस्था यह अहसास करती है कि आज इस आन्दोलन में चाहे अपेक्षाकृत कम ही लोग जुडें पर शीघ्र ही यह एक बड़ी सामाजिक क्रान्ति का रूप लेने की क्षमता रखता है।

इस क्रान्ति के कर्णधार युवा, छात्र, शिक्षक व पत्रकार ही बनेंगे। अतः संस्था सभी विचारशील व्यक्तियों के अतिरिक्त इनसे भी विशेष अनुरोध करती है कि वे समय की पुकार के साथ अपना दायित्व स्वीकारें व राष्ट्र-रक्षा को उद्धत होवें।

●●●

# पलायन

"नहीं-नहीं मँगवाने की आवश्यकता नहीं है। वह तुम्हारे पास है। तुम्हारे भीतर।" कहते-कहते डाक्टर राधेश्याम बहुत गम्भीर हो गए। उनके गम्भीर भाव चेहरे से झलक रहे थे। आँखों में चमक थी, चेहरे पर दृढ़ता - चौधरी साहब भी यह भाँप गए। उन्हें वास्तव में उलझन होने लगी थी कि आखिर डाक्टर इन्हें क्या दिलवाना चाहता है। वह नहीं समझ पा रहे थे कि उनके भीतर क्या है? "क्या श्रीकान्त व राजू मुझसे खून चाहते हैं? मेरे भीतर तो खून ही है। खून का बदला खून--"

— *अतुल कृष्ण*